ÉCONOMIE POUR TOUS
Pour tout comprendre

Guillaume LIBY

ÉCONOMIE POUR TOUS

Pour tout comprendre

Préface de **Rose Don-Mello**

L'Harmattan
Côte d'Ivoire

5-7, rue de l'École-Polytechnique ; 75005 Paris

www.editions-harmattan.fr

ISBN : 978-2-343-18561-3
EAN : 9782343185613

Je remercie mon père et ma mère pour leur amour infini à mon endroit. Je souhaite en faire de même pour mon épouse et mes enfants.

Je remercie tous les abonnés de mon blog « économie POUR TOUS ». Vous avez réclamé ce livre. Il est à vous.

SOMMAIRE

PREFACE

Je connais Guillaume Liby depuis nos années lycée. Sa volonté d'apprendre et surtout de partager ses connaissances était déjà impressionnante. Leader dans l'âme, il aimait influencer positivement son entourage. Ses amis l'appelaient tantôt JJR pour Jerry John Rawlings ou GAN pour Gamal Abdel Nasser. À l'Université, il hérita du surnom de JKG, de l'économiste américain John Kenneth Galbraith. Il commençait déjà à s'intéresser sérieusement à l'économie.

Je ne suis donc pas surprise qu'avec sa brillante carrière de banquier, il s'applique avec ce livre à ramener tous les concepts économiques à leur compréhension pratique.

Il lie les agents économiques entre eux, décrit leurs rôles et explique à l'appui d'exemples simples, les grands enjeux économiques de notre temps.

Pour l'entreprise, il présente les états financiers fondamentaux qu'il appelle la « sainte trinité ». Il explique le lien entre le bilan, le compte d'exploitation et le tableau des flux de trésorerie, ce qui permet de tirer des leçons utiles sur la gestion financière de l'entreprise. À la lecture, on apprend à mieux gérer ses relations bancaires, à maitriser les facteurs clés de succès de l'entreprise et, par conséquent, à développer une stratégie gagnante.

Le ménage est en réalité une entreprise. Mais combien sommes-nous à le savoir ? Guillaume Liby nous donne des outils de gestion du bilan et du compte d'exploitation du ménage ou de l'individu que nous sommes. Lorsqu'on referme le chapitre sur le ménage, on en sort avec une approche pragmatique pour mieux gérer nos revenus et épargner qualitativement.

La politique économique de l'État, objet de toutes sortes de mystères et de théories complexes est expliquée de manière très accessible. À quel moment, un État doit il réduire ou augmenter les dépenses publiques, les impôts ? quelles sont les conséquences de ces décisions sur l'entreprise, le ménage et le monde extérieur ?

Qu'en est-il de la politique monétaire ? comment la monnaie est-elle créée et comment accélérer ou contrôler la masse monétaire ?

Guillaume Liby nous explique aussi la nature des relations économiques entre un pays et l'extérieur. Pourquoi la balance commerciale est-elle déficitaire ou excédentaire ? quelles en sont les conséquences ? comment organiser l'économie pour une balance commerciale excédentaire ? la dette qui découle d'une balance commerciale déficitaire est-elle toujours bien gérée ?

La question du régime de change et son corollaire, la gestion du taux de change est abordée avec une approche tellement didactique que le lecteur en sort parfaitement éclairé. La problématique du FCFA et des autres monnaies africaines devient alors simple à comprendre.

L'œuvre de Guillaume Liby est à encourager et doit inspirer chacun d'entre nous. Partager l'expérience et la connaissance est le meilleur gage de construction d'une société durable, clairvoyante, avec des valeurs solides. Comme le dit si bien Derek Bok ancien Président de l'Université de Harvard « *Si vous trouvez que l'éducation coute cher, essayez l'ignorance* ».

Merci Guillaume Liby de fournir à tous les citoyens de ce monde, un manuel de compréhension de notre société contemporaine.

ROSE DON-MELLO
Directrice Exécutive de l'Union des Grandes Entreprises de Côte d'Ivoire (UGECI)

INTRODUCTION

L'économie est pour un pays, ce que le sang représente pour le corps humain. Elle fluidifie tout. C'est pourquoi, il convient de maîtriser, sinon de se familiariser avec les concepts économiques qui fondent la gouvernance de ce monde. Le paysan du fin fond du Burkina Faso, le couturier des bidonvilles de Côte d'Ivoire et le pâtissier des grandes villes de la France doivent avoir la même information que le haut fonctionnaire togolais ou l'expert de la banque mondiale. Il est donc nécessaire de mettre tout le monde au même niveau d'information et de vulgariser les concepts économiques car un citoyen averti en vaut deux.

Il faut donc disséminer les concepts économiques. Malheureusement, la plupart des écrits sur l'économie sont rédigés dans un langage abstrait et une logique qui demeurent inaccessibles pour le commun des mortels. Et pourtant, dépouillé de ses grandes équations et de ses mystérieux graphiques, le raisonnement économique pourrait être compréhensible. En effet, l'économie n'est pas une science nouvelle. Toutes les sociétés, même les plus primitives, étaient dotées de mécanismes de production et de distribution de biens et services. Si avec le temps, ces mécanismes sont devenus plus complexes, il suffit de faire appel à la logique pour tout rendre lisible.

Il faut donc permettre au plus grand nombre de comprendre ces mécanismes afin d'engager chaque citoyen dans l'animation de la cité et d'éviter les conséquences telles que la mauvaise gouvernance, la corruption, qui naissent de l'absence de participation de l'ensemble de la population à la gestion renseignée et active des affaires de la communauté. C'est le pari que ce livre souhaite prendre.

La démocratisation de l'information économique permettra aux populations d'améliorer leur jugement face aux politiques publiques menées par les gouvernements et à chaque individu de tirer le meilleur parti des situations économiques et d'engranger un profit. Chaque individu pourra se poser les bonnes questions et influencer positivement le cours de la vie de la société dans laquelle il vit. La politique économique actuelle menée par le gouvernement est-elle la meilleure ? Quelles contributions pourrais-je apporter ? Comment puis-je épargner ou comment aborder les institutions financières pour réaliser le projet de ma vie ?

Ce livre aimerait devenir une référence en matière de vulgarisation pour comprendre les méandres de l'économie. À partir d'une méthode basée sur le raisonnement logique, il décortique tous les agents économiques. Quels sont leurs rôles, quelles sont leurs motivations, et quelles sont les stratégies et actions qu'ils utilisent pour arriver à leurs fins ?

Toute économie, quelle que soit la situation géographique est caractérisée par quatre acteurs qui s'échangent deux types de flux. Ces acteurs sont les ménages *(les individus vivants sous un même toit)*, les entreprises *(on distingue les entreprises non financières et les entreprises financières)*, l'État ou l'administration publique, et l'extérieur (*qui regroupent l'ensemble des opérations commerciales et financières avec l'extérieur ou le reste du monde)*.

Les flux échangés sont les flux monétaires *(salaires, dividendes, intérêts, subventions et liquidités de tout ordre)* et les flux réels *(biens et services)*. Ce sont les interactions entre ces acteurs *(les agents économiques)* et les flux échangés qui constituent le circuit économique, donc l'économie.

L'objectif est donc d'étudier chacun de ces agents économiques. C'est pourquoi, l'ouvrage est divisé en quatre chapitres. Le premier chapitre traitera des entreprises, le deuxième analysera les ménages, le troisième dissèquera les politiques économiques des pouvoirs publics et le quatrième chapitre passera en revue les relations d'un pays avec l'extérieur.

CHAPITRE I

L'ENTREPRISE

Qu'elle soit grande, petite, artisanale, ou qu'elle soit organisée en société anonyme, individuelle, ou tout autre forme, l'entreprise a pour vocation de produire des biens et services en combinant d'autres biens et services pour obtenir un gain qu'on appelle le profit. A ce stade, il n'y aura pas de distinction entre les entreprises non financières et entreprises financières. Toutes ont vocation à produire des biens et services. La distinction est justifiée seulement par les marchés sur lesquels ces deux types d'entreprises opèrent. Les entreprises non financières sont sur le marché réel ou secteur réel (*ou s'échangent des biens et services contre de l'argent)* quand les entreprises financières se retrouvent sur les marchés financiers (*ou l'on échange de l'argent contre de l'argent).*

Les activités des entreprises sont retracées dans des documents appelés états financiers qui sont au nombre de trois et qui constituent la « *sainte trinité* » de l'entreprise. Ce sont le compte d'exploitation, le bilan, et le tableau de flux de trésorerie. Ils sont exigés par les services fiscaux, les banques, les fonds d'investissement et tout autre type de partenaire pour se faire une opinion sur la performance de l'entreprise.

A. LE COMPTE D'EXPLOITATION

Il retrace toutes les activités de la société en vue de produire et vendre les biens et services. On distingue deux rubriques, les produits et les charges. Les produits sont constitués de tous les éléments qui rapportent de l'argent et les charges retracent toutes les sorties d'argent. C'est la différence entre les produits et les charges qui permet d'obtenir le profit. Par conséquent, puisque l'entreprise tient à dégager le maximum de profit possible, tout l'art de gestion consiste à maximiser les produits et à minimiser les charges.

A.1. LES PRODUITS

Les produits correspondent à tous les éléments qui concourent à la formation du chiffre d'affaires. On distingue deux types de produits.

- ✓ Les produits d'exploitation *(liés à l'activité de l'entreprise)* ;
- ✓ Les produits hors exploitation (*ce sont les produits financiers et produits exceptionnels qui ne sont pas liés à l'activité principale de l'entreprise).*

Il existe plusieurs types de produits d'exploitation en fonction du domaine d'activité de l'entreprise.

- ✓ Ventes de marchandises *(produits achetés et revendus sans transformation) ;*
- ✓ Ventes de produits finis *(produits fabriqués ou assemblés par l'entreprise) ;*
- ✓ Prestations de service *(main d'œuvre ou production intellectuelle) ;*
- ✓ Productions stockées ou immobilisées *(travaux non terminés) ;*
- ✓ Subventions d'exploitation *(aide financière accordée par l'autorité publique ou des tiers pour compenser certaines charges) ;*
- ✓ Reprises sur amortissements ou provisions *(réintégration en produit de charges passées antérieurement et qui ne sont plus justifiées).*

Les produits d'exploitation constituent les éléments les plus récurrents et sont les facteurs de création de richesse pour l'entreprise. Il existe aussi des produits financiers et des produits exceptionnels qui peuvent advenir et contribuer parfois à la création du patrimoine. On peut citer.

- ✓ Les produits financiers de participation *(en rémunération de la participation dans d'autres entreprises) ;*

✓ Les produits de cession de valeurs mobilières *(revenus tirés de la vente des actions et obligations) ;*

✓ Les produits financiers des placements en banque *(intérêts reçus sur compte) ;*

✓ La plus-value de change *(produits reçus de la variation positive du taux de change) ;*

✓ Les subventions d'investissement *(fonds non remboursables versés aux entreprises par l'autorité publique ou des tiers, pour financer des investissements);*

✓ La plus-value de cession d'un élément d'actif *(revente d'un bien pour une valeur supérieure à celle inscrite au bilan de l'entreprise).*

On peut donc résumer les produits comme les biens et services que l'entreprise met en vente sur le marché. Leur forme dépend de la nature de l'entreprise. S'il s'agit d'une entreprise commerciale, les produits seront des biens et services achetés et revendus en l'état. Si c'est une unité industrielle, les produits seront des biens finis et transformés à partir d'autres biens appelés matières premières ou produits semi-finis. S'il s'agit d'une entreprise de conseil, le produit sera une étude, un rapport ou une idée.

Dès lors que ce sont ces produits qui définissent la réussite ou la faillite de l'entreprise, celle-ci doit adopter les stratégies qui permettent d'en produire et/ou d'en commercialiser les meilleurs possibles. La définition de cette stratégie conduit à résoudre les contraintes posées par les paramètres suivants :

✓ **Le gouvernement :** l'entreprise doit connaître et anticiper les politiques économiques de l'État. Elle doit aussi anticiper l'évolution de l'environnement politique et maîtriser les mesures règlementaires liées au secteur d'activité dans lequel elle opère ;

✓ **La concurrence :** L'entreprise doit rester en veille pour connaître ses concurrents, leurs parts de marché, leurs forces et faiblesses, s'informer de nouveau processus industriel et s'imprégner de leur politique commerciale et de communication ;

✓ **La clientèle :** L'entreprise doit fournir le meilleur produit possible et doit par conséquent et en permanence faire de la recherche et du développement. Elle doit suivre l'évolution de la taille du marché, les goûts et les comportements des consommateurs, explorer des nouveaux marchés et des nouveaux produits, améliorer ses canaux de distribution et surveiller la sensibilité aux produits de substitution. L'entreprise doit aussi s'assurer de collecter les fruits de ses ventes auprès de ses clients dans les délais convenus.

A.2. LES CHARGES

Les charges représentent les dépenses réalisées par l'entreprise. On distingue deux types charges :

✓ Les charges d'exploitation;

✓ Les charges hors exploitation qui englobent les charges financières et les charges exceptionnelles.

Les charges d'exploitation sont les suivantes :

✓ Achats de marchandises ;

✓ Achats de matières premières ;

✓ Autres achats *(fournitures diverses, petit matériel, carburant...)* ;

✓ Charges externes *(assurances, honoraires…)* ;

✓ Impôts et taxes ;

✓ Charges de personnel *(salaires, cotisations sociales...)* ;

✓ Dotations aux amortissements et aux provisions.

Les charges hors exploitation sont les suivantes :

✓ Charges financières sur participations ;

✓ Intérêts payés sur des emprunts ;

✓ Moins-value de change *(variation négative du taux de change)* ;

✓ Moins-value de cession de valeurs mobilières (*revenus tirés de la vente des actions et obligations inférieures à leur valeur d'acquisition*) ;

✓ Moins-value de cession d'un élément d'actif *(revente d'un bien pour une valeur inférieure à celle inscrite au bilan)*.

Les charges proviennent de plusieurs sources distinctes, à la différence des produits qui sont liés à une seule ligne du compte d'exploitation, en l'occurrence, le chiffre d'affaires. Elles varient de l'achat des marchandises, aux salaires en passant par l'électricité, l'assurance et divers achats.

La stratégie de l'entreprise sera de réduire au maximum ces lignes de dépenses sans préjudice de la qualité des prestations. Les principales contreparties de l'entreprise sont :

- ✓ **Les fournisseurs :** l'entreprise doit s'assurer de la disponibilité au juste prix des fournitures vitales à l'exercice de son activité. Elle doit autant que faire se peut diversifier les fournisseurs et doit par conséquent, être en permanence à la recherche de nouveaux fournisseurs. Pour tout achat, l'entreprise doit mettre en concurrence au moins trois fournisseurs et choisir le moins cher pour un niveau de qualité équivalent ;
- ✓ **Le personnel :** Les salaires et cotisations sociales sont un coût pour l'entreprise. Comme les autres postes de charges, l'entreprise aura pour objectif de le réduire. Toutefois, les salaires et cotisations sociales étant régis par des conventions collectives et la législation du travail, l'entreprise axera sa stratégie sur la productivité et l'efficacité du personnel, en un mot sur leur compétence. En effet, un employé qui produit plus vite avec moins de déchet, coûte moins à l'entreprise que celui qui fait l'inverse. Pour atteindre ce niveau de compétence, l'entreprise misera sur la formation permanente de ses équipes et sera très sélective lors des recrutements ;
- ✓ **Les frais financiers :** L'entreprise doit définir avec exactitude, le type de financement qui convient à son activité et à son besoin du moment. Si le besoin de financement est de long terme alors que l'entreprise contracte un prêt à court terme, elle sera asphyxiée par le service de cette dette *(le remboursement du capital plus les intérêts);*
- ✓ **Les impôts et taxes :** L'entreprise, à travers les organisations patronales, veillera à la facturation du juste impôt.

B. LE BILAN

Le bilan retrace l'état du patrimoine de l'entreprise et les ressources qui le financent. C'est pourquoi le bilan est scindé en deux parties. On a d'une part l'actif *(le patrimoine)* et d'autre part le passif *(les ressources)*. Les ressources financent le patrimoine, c'est pourquoi, le passif est égal à l'actif.

B.1. L'ACTIF DU BILAN

L'actif est composé de deux parties, l'actif circulant *(actif à court terme)* et l'actif immobilisé *(actif à long terme)*.

L'actif circulant est composé de tous les éléments de patrimoine qui sont liquéfiables *(transformables en liquidités)* à court terme. Ce sont les comptes suivants :

- ✓ Trésorerie *(espèces en banques, chèques postaux, caisse)* ;
- ✓ Autres créances liquides *(autres actifs liquides à moins d'un an)* ;
- ✓ Créances clients *(ensemble des créances commerciales détenues sur les clients)* ;
- ✓ Stocks *(ensemble des stocks)* ;
- ✓ Autres créances *(autres créances détenues sur les clients)* ;
- ✓ Avances versées, fournisseurs *(avances versées aux fournisseurs)* ;
- ✓ Autres dépenses prépayées *(autres charges payées d'avance)*.

La somme de ces comptes constitue l'actif circulant. De chacun de ces comptes est déduit, le cas échéant la provision pour risque associé au compte. Pour le compte, créances clients par exemple, il est bon d'en extirper les créances dont le recouvrement est compromis par l'incapacité démontrée des clients à payer.

L'actif immobilisé se compose des éléments de patrimoine qui sont liquéfiables à long terme et qui constituent généralement le patrimoine fixe de l'entreprise. Ce sont les comptes suivants :

- ✓ Immobilisations corporelles *(terrains, bâtiments, installations et agencement, matériel, matériel de transport)* ;
- ✓ Immobilisations financières *(titres de participation, autre immobilisation financière)* ;

✓ Avance aux filiales *(acomptes et avances versées aux filiales)* ;

✓ Dépôts et cautionnement *(frais d'abonnement)* ;

✓ Immobilisations incorporelles *(frais de recherche et de développement, brevets, licences, logiciels, fonds commercial et autres immobilisations incorporelles)*.

La somme de ces comptes constitue l'actif immobilisé. Les différents postes de l'actif immobilisé sont diminués de l'amortissement usuel de ces équipements et actifs et des provisions constituées pour défauts éventuels pour refléter leur valeur comptable nette.

Le résultat de l'addition entre l'actif circulant et l'actif immobilisé constitue l'actif du bilan.

B.2. LE PASSIF DU BILAN

Tout comme l'actif, le passif est lui aussi composé de deux parties. On a le passif circulant *(ressources qui sont remboursables ou exigibles à court terme)* et les capitaux permanents *(ressources qui sont exigibles à long terme)*.

Les comptes constitutifs du passif circulant sont:

✓ Découvert Bancaire *(crédits d'escompte, crédits de trésorerie, découvert bancaire, etc.)* ;

✓ Fournisseurs d'exploitation *(montants dus aux fournisseurs)* ;

✓ Charges à payer *(dépenses telles que les salaires, les charges patronales à payer, etc.)* ;

✓ Dettes fiscales *(les taxes à payer dans l'année en cours)* ;

✓ Autres dettes *(ensemble des autres dettes dues par l'entreprise)* ;

✓ Avances reçues clients *(avances reçues de la clientèle)* ;

✓ Dette à long terme portion due *(échéance due de la dette à long terme)*.

La somme de ces comptes est égale au passif circulant.

Les capitaux permanents sont constitués de deux sous-groupes qui sont le passif à long terme et les fonds propres. Les comptes constitutifs de ces sous-groupes sont:

Le passif à long terme:

✓ Dettes bancaires à long terme *(emprunts, dettes de crédits bail et contrats assimilés)*

✓ Autres dettes à long terme *(dettes financières diverses)*

✓ Provision pour risques *(provisions constituées pour risques et charges diverses)*

✓ Autres provisions à long terme *(autres provisions constituées*)

Les fonds propres *(les fonds pourvus par les actionnaires et/ou générés par l'activité de l'entreprise):*

✓ Dotation (*subventions d'investissement, provisions réglementées et fonds assimilés)* ;

✓ Capital, actionnaires capital non appelé ;

✓ Primes d'apport, d'émission, de fusion, écarts de réévaluation ;

✓ Réserves disponibles, réserves libres *(réserves constituées librement par l'entreprise ou constituées conformément à la loi)* ;

✓ Résultat de l'exercice après impôt ;

✓ Report à nouveau *(accumulation du résultat net non distribué aux actionnaires)*.

La somme du passif à long terme et des fonds propres est égale aux capitaux permanents.

La différence entre les éléments d'exploitation de l'actif circulant *(les créances clients, les stocks, et autres avances)* et ceux du passif circulant (*les fournisseurs et autres créanciers divers)* est le Besoin en Fonds de Roulement communément appelé BFR.

Ce BFR montre le besoin ou le surplus de trésorerie à court terme. S'il est positif, alors l'entreprise exprime un besoin de financement de trésorerie. Ses actifs à court terme que sont les créances clients, les stocks, et autres avances sont supérieurs aux engagements envers les fournisseurs et autres créanciers divers. La hausse de ces actifs circulants traduit une immobilisation de trésorerie alors que les engagements à court terme sont dus. On dit qu'il y a une « *sortie* » d'argent. En d'autres termes, l'argent qui n'est pas entré est de l'argent sorti. C'est dans ce type de situation que l'entreprise va contracter un prêt à court terme auprès de sa banque pour financer cette immobilisation de trésorerie.

Dans le cas où le BFR est négatif, alors l'entreprise n'a pas de tension de trésorerie à court terme. La hausse des engagements à court terme signifie une « *entrée* » d'argent. L'argent qui n'est pas sorti est de l'argent entré. L'entreprise n'a donc pas besoin d'emprunter car la gestion de ses engagements à court terme lui permet de dégager de la marge pour financer ses actifs à court terme.

En conclusion, pour minimiser ses frais financiers, il vaut mieux pour l'entreprise que les délais de règlement consentis par ses fournisseurs soient plus longs que les délais de crédit accordés à la clientèle.

Idéalement, une entreprise gère bien son bilan quand l'actif circulant est financé par le passif circulant et que les actifs immobilisés sont financés par les capitaux permanents. On dit alors que la structure financière de l'entreprise est équilibrée.

L'erreur qui est souvent rencontrée est que, pour différentes raisons, les entrepreneurs financent leur actif immobilisé par le passif circulant (*surtout la dette bancaire à court terme).* Ces entreprises se retrouvent très vite incapables de faire face aux échéances de remboursement des prêts bancaires. Les actifs immobilisés produisent des fruits à long terme alors que la dette bancaire à court terme est due immédiatement. Ce mauvais alignement du crédit bancaire sur les capacités de création interne de richesse est l'une des causes principales de faillite des entreprises. Il est donc important de bien gérer son bilan. Comme dirait l'autre, « *tôle, c'est pas tôle* », en effet « *argent, c'est pas argent* ».

C. LE TABLEAU DE FLUX DE TRÉSORERIE

Le tableau de flux de trésorerie récapitule uniquement les flux financiers *(entrée et sortie d'argent)* et expose la situation de liquidité de l'entreprise. Y'a-t-il de l'argent dans cette entreprise ? Gère-t-elle bien ses recouvrements, ses achats ? Son endettement ?, comment finance-t-elle ses immobilisations et son actif circulant ? Seul le tableau de flux de trésorerie dont le nom anglais est encore plus parlant-*Cash-flow statement (le tableau des flux de cash ou espèces)* -permet de répondre à ces questions.

Le tableau de flux de trésorerie est construit à partir des autres documents comptables qu'on vient d'analyser et fait ressortir les aspects positifs et/ou négatifs de certains postes significatifs du bilan ou du compte d'exploitation. En effet, il est possible pour une entreprise d'avoir un gros chiffre d'affaires et par conséquent, un bénéfice important et avoir des problèmes de liquidité. En effet si une grande partie des ventes sont faites à crédit et que les services de recouvrement ne suivent pas ou que les clients tardent à payer, l'entreprise peut avoir de sérieux problèmes de liquidités. Par contre, si elle paye ses fournisseurs le plus tard possible, la situation de trésorerie sera meilleure.

Pour construire le tableau de flux de trésorerie, il faut les bilans des deux dernières années de l'entreprise pour constater la variation des postes du bilan et le compte d'exploitation de la dernière année.

Une entreprise a trois sources de liquidités. Que ce soit Microsoft, Sococé ou la PME du coin, c'est exactement la même chose partout dans le monde. Ces trois sources sont premièrement l'activité courante de l'entreprise, deuxièmement ses opérations d'investissement, et troisièmement, ses opérations de financement. La construction du tableau de flux de trésorerie va suivre cet agencement des sources de trésorerie.

Première étape : Flux de trésorerie liée à l'activité de l'entreprise.

Au bénéfice net après impôts calculé dans le compte d'exploitation de l'année, il faut ajouter les charges d'amortissement et de provision, ajouter ou retrancher les variations des soldes de certains comptes de l'actif du bilan qui ont un impact sur la trésorerie de l'entreprise ainsi qu'il est montré ci-après:

- ✓ Bénéfice net après impôts plus le montant des amortissements et provisions (*pour calculer le bénéfice net, l'on avait soustrait les charges d'amortissement et de provisions des ventes sans que cela soit en réalité une sortie d'argent. Puisqu'il faut calculer la liquidité réelle de l'entreprise, il convient de réintégrer au bénéfice net le montant de ces charges) ;*

✓ Plus ou moins la variation des créances clients et autres revenus à recevoir (*en effet, si ces postes du bilan augmentent d'une année à une autre, cela signifie que l'entreprise a des ventes non recouvrées. Ainsi une augmentation des créances clients vient en déduction de la liquidité disponible pour l'entreprise. Par contre, si le même poste baisse, cela signifie que les clients ont payé les crédits qui leur avaient été faits. Par conséquent, la liquidité de l'entreprise se trouve renforcée) ;*

✓ Plus ou moins la variation des postes fournisseurs et créditeurs divers *(si ces postes pour lesquelles, l'entreprise doit, augmentent sur la période, cela signifie qu'elle n'a pas sorti d'argent et par conséquent, cette augmentation vient renforcer la liquidité de l'entreprise. Dans le cas contraire, la baisse de ces postes signifie que l'entreprise a sorti des espèces pour régler ses fournisseurs, par conséquent, cette baisse vient diminuer la position de liquidité de l'entreprise) ;*

✓ Plus ou moins la variation des stocks *(Si les stocks augmentent, cela signifie que l'entreprise n'a pas bien vendu et que par conséquent, l'argent n'est pas rentré suffisamment dans les caisses de l'entreprise. Dans ces conditions, l'augmentation des stocks vient en réduction de la position de liquidité de l'entreprise. Dans le cas contraire, sa position de liquidité se trouve améliorée);*

Ces différents ajustements à partir du bénéfice net de l'année auquel on ajoute les amortissements et provisions, retranche ou additionne les variations des créances clients, des fournisseurs et créditeurs divers et les variations des stocks permettent de trouver la position de liquidité réelle de l'entreprise générée par son activité.

Cette position est appelée **flux de trésorerie liés à l'activité de l'entreprise**.

Deuxième étape : Aux flux de trésorerie liés à l'activité de l'entreprise, on ajoute ou retranche les éléments suivants liés aux opérations d'investissement de l'entreprise que l'on retrouve dans le bilan:

✓ Moins le montant de l'acquisition d'immobilisation *(l'achat d'un actif immobilisé nécessite une sortie d'argent) ;*

✓ Moins le montant de l'acquisition d'une immobilisation financière *(l'achat d'un titre financier nécessite une sortie d'argent) ;*

✓ Plus la cession d'immobilisation fixe ou financière *(la vente se traduit par une injection d'agent dans l'entreprise).*

Cet exercice permet d'obtenir la position de liquidité de l'entreprise après les opérations d'investissement.

Troisième étape : A la position de liquidité trouvée à la deuxième étape, on ajoute ou retranche les éléments liés aux opérations de financement de l'entreprise que l'on retrouve au bilan.

✓ Plus les emprunts bancaires ;

✓ Plus les émissions de titres financiers *(obligations, actions) ;*

✓ Moins le paiement de dividende ;

✓ Moins le remboursement des emprunts bancaires ;

✓ Moins le remboursement des émissions de titres *(paiement des intérêts liés à l'émission d'obligations ou coupons, remboursement du montant d'obligations).*

Ce dernier exercice permet finalement de connaitre la véritable position de liquidité de l'entreprise. Cette information disponible à la fin de l'exercice fiscale est très utile pour les responsables de l'entreprise mais aussi, pour tous ses partenaires.

Sur la base des instructions précédentes, on peut construire le tableau de flux de trésorerie de l'entreprise A à partir de ses bilans 2017, 2018 et compte d'exploitation 2018 :

Tableau 1 : bilan de l'entreprise A

Bilan (en millions de FCFA)		
ACTIF	**31-déc-17**	**31-déc-18**
Caisse et dépôts en banque	8	7
Stocks	2	2
Clients	10	20
Autres	14	6
Actif circulant	**34**	**35**
Immobilisations corporelles	50	120
Licence	41	81
Systèmes & Applications	3	3
Amortissement cumulé	-10	-18
Total actif immobilisé	84	186
Total Actif	**118**	**221**
PASSIF		
Découvert bancaire		
Fournisseurs	14	30
Autres charges à payer	6	10
dettes sociales	6	10
Provisions	0	3
Passif circulant	**26**	**53**
Dette à long terme	50	67
Total Passif à long terme	**50**	**67**
Capital	30	30
Bénéfices non distribués	12	71
Fonds Propres	**42**	**101**
Total Passif	**118**	**221**

Tableau 2 : compte d'exploitation de l'entreprise A

Compte d'exploitation (en millions de FCFA)		
RUBRIQUE	**31-déc-17**	**31-déc-18**
Ventes	100	150
Coût des marchandises vendues	-50	-46
Marge brute	**50**	**104**
Total dépenses d'exploitation (salaires, administration, services extérieurs)	-25	-30
Amortissement et provisions	-6	-8
Bénéfice avant charges financières et impôts	**19**	**66**
Charges financières	-2	-7
impôts	-5	-6
Bénéfice net	**12**	**59**
bénéfice non distribué	**12**	**71**

En s'appuyant sur les deux premiers états financiers, le bilan et le compte d'exploitation de l'entreprise A, il est possible de construire le tableau de flux de trésorerie.

Tableau 3 : flux de trésorerie de l'entreprise A

Flux de trésorerie de l'entreprise A (en millions de FCFA)		
RUBRIQUE	**31-déc-17**	**31-déc-18**
Flux des activités courantes		
Bénéfice net		59
Plus: Amortissement et provision		8
Bénéfice net ajusté		**67**
Variation du besoin en fonds de roulement (créances clients, fournisseurs, stocks)		25
Flux des activités courantes (A)		**92**
Flux des activités d'investissement		

Achats d'immobilisations corporelles et incorporelles		-110
Flux des activités d'investissement (B)		**-110**
Flux des activités de financement		
Dette bancaire à long terme		17
Dette groupe		
Émission d'actions		
Autres dettes à long terme		
Flux des activités de financement (C)		**17**
Augmentation (baisse) des flux de trésorerie **(D=A+B+C)**		-1
Caisse, dépôts en banque en début de période		**8**
Caisse, dépôts en banque en fin de période	**8**	**7**

Le flux des activités courantes (A) est égal à 92. Ceci provient du calcul suivant :

- ✓ Le bénéfice net de l'année 2018 ajusté des amortissements et provisions est de 67 (59 plus 8) ;
- ✓ La variation du besoin en fonds de roulement est négative à moins 25. Cela signifie les engagements d'exploitation du passif circulant sont supérieurs à ceux de l'actif circulant, en d'autre termes, l'entreprise a sorti moins d'argent, soit un gain de 25 comme expliqué plus haut.
- ✓ Ce chiffre vient s'ajouter au bénéfice ajusté des amortissements et des provisions pour un total de **Flux des activités courantes (A)** de 92 (67 plus 25).

Le flux des activités d'investissement (B) est égal à -110. Ceci provient du calcul suivant :

- ✓ La variation des postes d'actifs corporels et incorporels est 110. Ce qui veut dire que ces actifs ont augmenté de 110. Ce qui signifie une sortie d'argent équivalente.

Le flux des activités de financement (C) est égal à 17. Ceci provient du calcul suivant :

✓ La dette bancaire entre 2017 et 2018 a crû de 17. Ce qui revient à dire que l'entreprise a encaissé des liquidités supplémentaires à concurrence de 17 provenant d'un prêt. Il s'agit donc d'une entrée d'argent.

En additionnant les trois flux, la trésorerie nette de l'entreprise est négative à 1.

En conclusion, l'analyse du tableau de flux de trésorerie démontre que l'entreprise tire ses ressources principalement de son exploitation pour un montant de 92 millions de FCFA. Cette somme a été entièrement utilisée pour financer en partie des immobilisations corporelles et incorporelles pour un montant de 110 millions de FCFA. Le reliquat a été couvert par un prêt à long terme de 17 millions de FCFA et 1 million de FCFA tiré sur la caisse ou le compte en banque qui a diminué du montant équivalent de 2017 à 2018.

Ces trois états financiers baptisés « la sainte trinité » de l'entreprise permettent d'en connaître le fonctionnement, l'étendue du patrimoine et la capacité à faire aux obligations commerciales et financières. Ceci s'applique à toute sorte d'entreprises.

Jusqu'à ce point, l'étude de l'entreprise a permis de connaître le mode de gestion des ventes et des charges, la constitution du patrimoine, les sources et les utilisations des liquidités. Mais comme tous les autres agents économiques, l'entreprise a un impact notable sur le reste de l'économie. Il convient de situer ce rôle.

D. L'IMPORTANCE DE L'ENTREPRISE DANS LA SOCIÉTÉ

Les économistes et les hommes politiques parlent souvent d'un concept qu'ils nomment le taux de croissance économique. Ce taux de croissance économique est défini comme la variation en pourcentage de la richesse du pays d'une année à l'autre. Or celle-ci est mesurée par la somme des valeurs ajoutées de chaque entreprise. La valeur ajoutée elle-même s'entend comme la différence entre le chiffre d'affaires d'une entreprise et sa consommation d'autres biens et services. Ce sont ces biens et services qu'on appelle la consommation intermédiaire.

Pour prendre un exemple simple, disons que la commerçante du marché aux légumes qui vend des aubergines se les procure à 1000F le kg chez son fournisseur. Cette commerçante nettoie les aubergines avec son équipe, les entasse sur son étal et les revend à 1500 le kg. La valeur ajoutée par la commerçante sur le kg d'aubergine est de 500 F. À partir d'un kg d'aubergine acheté à 1000 F, elle crée une richesse supplémentaire de 500 F. Ce revenu créé par cette commerçante, donc par cette entreprise est appelé Y par les économistes. Il va être réparti entre les acteurs qui ont permis sa création.

En premier lieu, les employés de la commerçante qui l'ont aidée à faire le nettoyage, le paquetage, et toutes les autres activités qui ont permis de bien achalander les aubergines pour attirer les clients. A ses employés, elle verse les salaires et paie les cotisations sociales pour leur retraite et sécurité sociale.

En deuxième lieu, c'est l'État. En effet, celui-ci a construit ou fait construire, la route que la commerçante a empruntée pour se fournir en aubergines. C'est lui aussi qui a construit ou fait construire les écoles où se sont instruits les employés. L'État a donc participé à la création de cette richesse et doit par conséquent en recevoir une partie. Ce sont les divers impôts et taxes.

En troisième lieu, le banquier, si la commerçante avait contracté un prêt. Elle payerait des frais financiers qui seraient la rémunération du banquier.

Lorsque toutes ces charges sont exécutées, le reliquat est sa rémunération. C'est le bénéfice net après impôts.

Lorsque l'employé reçoit son salaire de la part de l'employeur, il adopte deux comportements. Il en consomme une partie et épargne l'autre. La partie consommée est désignée par les économistes par le terme C pour consommation et la partie épargnée est désignée par le terme S pour épargne *(Saving en anglais)*.

Tout comme le salarié, l'entrepreneur consomme une partie de son revenu disponible *(sous forme de dividendes)* et en épargne une autre *(sous forme de bénéfice non distribué ou réserves)*. On voit bien que le bénéfice net après impôts qui est la rémunération de l'entrepreneur est partagé entre les dividendes et les réserves.

Le gouvernement utilise sa part du revenu pour ses dépenses de fonctionnement et les acquisitions de biens et services *(infrastructures, hôpitaux, écoles, etc.)* dont profite de l'ensemble de la collectivité.

Le salarié, l'entrepreneur et l'État ont diverses relations avec l'étranger. Soit on consomme des biens venus de l'étranger, soit on vend des biens et services à l'étranger. Lorsqu'il s'agit d'achat à l'étranger, on parle d'importations. Quand il s'agit de ventes à l'étranger, on parle d'exportations. Les premières sont désignées sous le terme de M et les secondes sous le terme de X. La différence entre X et M constitue le solde d'échange de biens et services avec le reste du monde ou l'extérieur.

Ainsi donc, à partir du revenu Y généré par l'entreprise, les travailleurs, les entrepreneurs ou capitalistes, l'État ont pu consommer, épargner et sont rentrés en relation avec le reste du monde. Ceci permet alors de poser l'équation fondamentale de la croissance économique.

$$\mathbf{Y=C+S+(X-M).}$$

C pour consommation, S pour épargne et X-M pour le solde commercial avec le reste du monde. La science économique pose que le fondement essentiel de l'épargne, c'est d'investir. Dans ces conditions, l'épargne est égale à l'investissement qui est désigné sous le terme de I. Par conséquent on peut remplacer dans l'équation ci-dessus S par I.

Comme les consommations du gouvernement sont différentes des consommations des ménages, on désigne ces consommations sous un vocable différent qui est G pour gouvernement.

Ces derniers ajustements permettent d'établir l'équation définitive de la croissance économique qui est la suivante :

$$\mathbf{Y=C+I+G+(X-M).}$$

En conclusion, on peut dire que c'est le revenu généré par l'entreprise qui permet de constituer la richesse du pays, de payer les salaires, d'épargner pour investir, payer l'impôt pour l'acquisition des infrastructures publiques. L'entreprise est donc le moteur de l'économie. Toute économie qui s'organise autour de l'entreprise, dans un cadre compétitif, dans le respect des droits des autres parties prenantes, notamment les travailleurs et le gouvernement, accumule plus de richesses, plus vite, crée plus d'emplois et offre un meilleur cadre de vie à ses citoyens.

Cela dit, il convient maintenant de définir les entreprises financières qui ont la particularité d'exercer dans le secteur financier.

E. LE SECTEUR FINANCIER

Selon L'économiste américain Joseph Stiglitz *(Prix Nobel de l'économie en 2001)*, Les entreprises financières constituent « *une partie de l'économie qui comprend toutes les institutions participantes au transfert de l'épargne des épargnants (ménages et entreprises) vers les emprunteurs, ainsi qu'au transfert, au partage et à l'assurance des risques* ». De manière pratique, le système financier comprend tous les institutions et systèmes qui offrent des services financiers dans une économie. Toutes ces opérations se déroulent sur des marchés spécifiques qui sont regroupés sous le vocable de marché des capitaux.

E.1. LES MARCHES DES CAPITAUX

Ce sont des marchés sur lesquels s'échange de l'argent matérialisé par des titres financiers qui sont des contrats papiers, mais qui sont de plus en plus dématérialisés. Les marchés des capitaux sont divisés en deux sous-marchés.

Le marché monétaire : Le marché monétaire est composé du marché interbancaire et du marché des titres et créances négociables.

Le marché interbancaire est le lieu où sont échangés des titres financiers entre les banques commerciales, le trésor public et la Banque Centrale. Les échanges entre banques commerciales vont des opérations de compensation (*échange et paiement de chèques entre banques commerciales)* aux prêts entre banques *(prêts interbancaires).*

Les échanges entre les banques commerciales et la Banque Centrale prennent plusieurs formes. Soit la Banque Centrale met des fonds à la disposition des banques commerciales en échange des titres financiers (*pour augmenter la capacité des banques commerciales à faire des crédits aux ménages et entreprises),* soit la Banque Centrale leur vend des titres financiers *(pour diminuer la capacité des banques à faire du crédit).* Dans cette même veine, la Banque Centrale peut imposer aux banques commerciales, d'augmenter sur leurs comptes dans ses livres les sommes qu'elles ne peuvent pas utiliser pour faire du crédit. C'est ce qu'on appelle les réserves obligatoires. Ces mécanismes feront l'objet de discussion en profondeur au troisième chapitre.

Les opérations entre les banques commerciales et le trésor public donnent lieu à l'achat par les premiers de titres financiers émis par le trésor public qu'on appelle les bons du Trésor ou titres assimilés. Toutes les opérations sur le marché interbancaire se déroulent sous la supervision de la Banque Centrale et ont une durée de vie d'un an.

Le marché des titres et créances négociables met en relation les entreprises non financières, les banques et ainsi que divers autres investisseurs *(assureurs et autres investisseurs institutionnels)* sous la supervision de la Banque Centrale. Les entreprises non financières émettent *(vendent)* des titres financiers appelés billets de trésorerie que les banques et investisseurs achètent. En retour ils mettent des liquidités à la disposition de l'entreprise émettrice. Ces titres ont une durée de vie d'un an.

Le marché financier (appelé aussi marché boursier ou bourse des valeurs): les titres du marché financier *(actions, obligations, devises et produits hybrides ou dérivés)* se caractérisent généralement par des échéances de plus long terme. L'ensemble de ces titres permet aux uns *(entreprises, États)* de se financer et aux autres *(investisseurs institutionnels, ménages, entreprises)* d'effectuer des placements. Le marché financier est composé comme le marché monétaire de deux sous-marchés.

Le marché primaire est celui sur lequel les titres sont mis pour la première fois en circulation. Les entreprises peuvent émettre des actions et obligations par contre l'État ne peut émettre des actions. Les banques et les sociétés de bourse jouent le rôle de courtier *(intermédiaire)* pour le compte des émetteurs des titres et des acheteurs de ces mêmes titres. Ces sociétés peuvent agir aussi pour leur propre compte.

Le marché secondaire est le lieu d'échange des titres déjà émis sur le marché primaire et dont les détenteurs veulent se séparer pour obtenir des liquidités ou pour modifier la composition de leur portefeuille boursier *(augmenter ou diminuer, soit les actions, soit les obligations et autres titres).*

Toutes ces opérations financières sont très importantes pour la bonne marche de l'économie. Elles permettent d'atteindre les quatre objectifs suivants :

- ✓ **La mobilisation et la transformation de l'épargne :** Le secteur financier, dans ses différentes composantes décrites plus haut rassemble l'épargne des agents économiques qu'ils soient fortunés et qu'ils soient de simples salariés. Ces sommes sont mises à la disposition des entreprises non financières, des États, qui en ont besoin pour construire des usines, acheter des matières premières, payer les salaires, etc. Elles sont également mises à la disposition des ménages pour acheter des voitures, des maisons, des voyages et d'autres biens de consommation. C'est le processus de transformation de l'épargne en crédit ;
- ✓ **La gestion des risques :** Le secteur financier répartit les sommes qui lui sont confiées sur des nombreux emprunteurs ce qui, dans l'ensemble, réduit le risque de défaillance. Par exemple le risque d'un sinistre individuel est assumé par les compagnies d'assurances. Les primes payées par un grand nombre d'assurés permettent à ces compagnies de couvrir le sinistre en question et remplacer les actifs détruits ;
- ✓ **Gestion de la liquidité et facilitation des paiements :** Le secteur financier offre aux agents économiques des possibilités agréables et sûres de gérer leurs épargnes et leur assure un rendement. Les banques mettent en place divers

mécanismes et systèmes de paiement, ce qui facilite les échanges entre agents économiques. On peut citer les cartes de crédit, les cartes de débit, les chèques, les distributeurs automatiques d'argent, les diverses formes de paiement et de transfert à travers le monde *(Swift, lettre de crédit, etc.)* ;

✓ **Conseils aux agents économiques :** Le secteur financier met à la disposition des agents économiques des solutions et des conseils pour mieux gérer leurs ressources et les risques associés. Les produits d'assurances mettent les agents économiques à l'abri des sinistres éventuels. La prévoyance sociale permet de vivre sa retraite dans les meilleures conditions. Les spécialistes en gestion de fortune permettent aux plus fortunés de maximiser leur revenu.

La parfaite exécution de ces opérations par le secteur financier permet de financer la production des biens et services, l'innovation technologique, et la consommation, toutes choses qui constituent les vecteurs de la croissance économique.

E.2. LES CRITÈRES DE PERFORMANCE D'UN SYSTÈME FINANCIER

Il existe plusieurs critères pour juger de la performance d'un système financier. Les quatre critères suivants donnent une image instantanée de la robustesse d'un système financier pour accompagner les autres agents économiques pour une croissance économique durable.

Ce sont :

✓ Le taux de crédit au secteur privé *(somme des crédits octroyés par le secteur financier au secteur privé sur PIB)* ;

✓ Taux de bancarisation *(% de la population de plus de 15 ans ayant un compte bancaire)* ;

✓ Taux de pénétration de l'assurance *(primes collectées par les entreprises d'assurances sur PIB)* ;

✓ Taux de capitalisation boursière *(capitalisation boursière sur PIB)*. La capitalisation boursière est la valeur sur le marché boursier de toutes les entreprises dont les actions sont échangées à la bourse des valeurs.

Plus les taux sont élevés, plus robuste est le secteur financier. Toute économie qui bénéficie d'un système financier fort produit plus de croissance et est destinée à fournir un meilleur cadre de vie à ses citoyens.

A titre d'illustration et en adoptant un seuil minimum de 20 % pour le taux de crédit au secteur privé, le taux de bancarisation, le taux de capitalisation boursière et 1 % pour le taux de pénétration de l'assurance, on s'aperçoit à travers le tableau ci-dessous que les pays africains qui dépassent ces seuils ont le niveau de PIB par tête le plus élevé au cours des dernières années.

Tableau 4 : performance économique et robustesse du système financier

	Pays	Pib par tête (dollar USA)	Taux de crédits au secteur privé supérieur à 20 %	Taux de bancarisation supérieure à 20 %	Taux de capitalisation boursière supérieure à 20 %	Taux de pénétration de l'assurance supérieure à 1 %
1	**Seychelles**	15 390	24 %			1,82 %
2	**Maurice**	9 260	103 %	82 %	62 %	4,18 %
3	**Guinée équatoriale**	10 717				
4	**Gabon**	7 389		30 %		
5	**Afrique du Sud**	5 773	148 %	69 %	232 %	16,99 %
6	**Namibie**	4 771	53 %	58 %		6,69 %
7	**Algérie**	4 160		50 %		
8	**Égypte**	3 548				
9	**Angola**	3 696	27 %	29 %		
10	**Cap Vert**	2 954	63 %			

Source : Banque Mondiale (wdi) 2015

Sur les 10 pays africains qui ont un PIB par tête d'au moins 3 000 dollars, on en trouve huit qui ont un système financier meilleur que ceux des autres pays africains dont les taux sont inférieurs aux seuils édictés. Les deux exceptions sont le Gabon et la Guinée Equatoriale qui bénéficient de l'effet combiné de la richesse en pétrole et de la faiblesse de la population. Les données du Gabon pour le taux de crédits et le taux de l'assurance n'étaient pas disponibles en 2015. C'est le cas aussi pour la Guinée Equatoriale dont aucune donnée n'était disponible, mise à part le PIB par tête. En ce qui concerne la capitalisation boursière, il faut dire que ces deux pays partagent la bourse régionale des pays de l'Afrique Centrale avec les autres pays de cette région.

Ces résultats renforcent l'idée qu'un système financier performant est une condition importante de succès économique. Il irrigue l'ensemble des autres secteurs économiques.

Ainsi prend fin le premier chapitre qui a étudié l'entreprise dans toutes ses dimensions *(entreprises financières et non financières)* ainsi que les motivations et les stratégies qui sous-tendent ses actions, et son rôle éminent dans l'économie. Les acquis principaux retenus sont :

- ✓ Les entreprises produisent des biens et services en utilisant les facteurs de production que sont le travail, le capital ;
- ✓ Le travail est fourni par les ménages qui reçoivent en retour des salaires et autres avantages sociaux ;
- ✓ Les ménages fournissent également le capital accumulé sous forme d'épargne et reçoivent en retour des intérêts ou des dividendes sur les placements ;
- ✓ Le secteur financier permet de mutualiser l'épargne des ménages et des institutions spécialisées par l'intermédiaire des entreprises financières pour fournir le capital nécessaire aux entreprises non financières ;
- ✓ Le capital sert à acquérir la technologie, les biens intermédiaires nécessaires à la production finale des biens et services de l'entreprise ;

✓ Les détenteurs du capital reçoivent des dividendes, des commissions, des loyers ou des intérêts;

✓ La stratégie globale de l'entreprise est de maximiser ses ventes et minimiser ses coûts de sorte à dégager un profit nécessaire à sa pérennité mais aussi pour rémunérer les travailleurs, les apporteurs du capital et l'État ;

La mise en œuvre de cette stratégie est résumée dans les documents financiers que sont le bilan, le compte d'exploitation et le tableau des flux de trésorerie qui constituent la « *sainte trinité* » de l'entreprise.

Le chapitre suivant ambitionne de présenter le rôle du ménage qui est le deuxième agent économique.

CHAPITRE II

LE MÉNAGE

L'Institut National de la Statistique et des Études Économiques *(INSEE)* de la France définit le ménage comme « *L'ensemble des occupants d'un même logement, considéré comme la résidence principale, sans que ces personnes soient nécessairement unies par des liens de parenté* ». Une personne vivant seule constitue donc un ménage, tout comme des amis vivants sous le même toit ou la famille avec le père, la mère et les enfants.

En pratique, les économistes considèrent le ménage comme un centre de décision unique. Le ménage joue un rôle déterminant dans le développement économique d'une nation. Il reçoit des revenus qu'il utilise pour maximiser sa satisfaction, influençant ainsi les autres agents économiques.

F. LES REVENUS DU MÉNAGE

Les revenus du ménage proviennent généralement de trois sources :

- ✓ Les revenus du travail : En sa qualité de pourvoyeur de travail, le ménage reçoit en retour un salaire ;
- ✓ Les revenus du capital : En sa qualité de pourvoyeur de capital *(épargne),* le ménage reçoit des intérêts ou des dividendes en fonction de l'utilisation *(placement)* qu'il fait de son épargne ;
- ✓ Les revenus sociaux : Pour des raisons diverses (*chômage, invalidité, retraites, natalité, etc.),* l'État verse des revenus à certains ménages.

Lorsqu'il reçoit son revenu, le ménage l'utilise pour satisfaire ses besoins personnels et faire face à ses devoirs de citoyen. L'utilisation rationnelle ou pas de ces revenus a des retombées considérables sur la structure économique du pays.

En général, le ménage utilise son revenu pour consommer, épargner et payer ses impôts.

La consommation du ménage : Le ménage utilise son revenu pour acquérir les biens et services utiles à son épanouissement. On distingue 3 catégories de biens et services.

- ✓ Les biens durables (*biens d'une durée de vie de plus de 3 ans; télévisions, voitures, frigidaires, etc.)* ;
- ✓ Les biens non durables *(aliments, essence, vêtements, etc.)* ;
- ✓ Les services *(santé, arts, loisirs, etc.)*.

À travers sa consommation et ses goûts, le ménage détermine les types de biens et services qui sont produits dans le pays. L'entreprise qui cherche à maximiser son profit et éviter de perdre de l'argent va s'aligner sur la demande du ménage. Cette interaction aura des conséquences énormes sur la structure de l'économie et nécessitera si besoin est, des ajustements de politiques économiques de la part des pouvoirs publics pour réduire et/ou accélérer les tendances de l'économie. Ces différents ajustements seront approfondis dans le chapitre suivant sur le rôle du gouvernement.

L'épargne du ménage : La partie du revenu non utilisée pour la consommation est épargnée. Cette activité influe aussi sur la santé de l'économie nationale. Plus les ménages épargnent, plus les possibilités d'investissement foisonnent, ce qui permet d'augmenter les capacités de production dans le pays. Ici aussi, les autorités publiques seront amenées à prendre des options pour encourager la formation d'un taux d'épargne optimum.

La fiscalité du ménage : Une partie du revenu du ménage est utilisée à payer les taxes et impôts, qu'il s'agisse de l'imposition directe *(impôts sur les salaires, les revenus divers, etc.)* ou indirecte *(TVA, droits de douanes, etc.)*. Le gouvernement utilise ces ressources pour produire les biens publics qui servent à toute la communauté. Si les ménages rechignent à payer l'impôt, cela va réduire la capacité du gouvernement à répondre aux besoins du plus grand nombre, notamment les populations fragiles. Ici encore l'attitude des ménages est cruciale pour l'économie.

Comme on le voit, le ménage joue un rôle clé dans l'économie. Son comportement aiguillonne l'ensemble de l'activité économique. Il doit par conséquent s'employer à gérer son revenu rationnellement pour la satisfaction de ses besoins divers. Pour cela, il a besoin d'outils de gestion pour piloter sa barque et voguer entre les besoins de consommation, d'épargne et de paiement des impôts. Ce pilotage lui permettra de se constituer un patrimoine, qu'il peut céder, ou passer à la postérité *(famille, legs, etc.)*. Ainsi donc le ménage devra gérer son compte d'exploitation et son bilan.

G. LE COMPTE D'EXPLOITATION DU MÉNAGE OU BUDGET MENSUEL

Tout comme pour l'entreprise, le compte d'exploitation se présente en deux parties ; une partie pour les revenus et une autre pour les dépenses. Ce compte est établi chaque mois ou selon la périodicité des revenus.

G.1. LES REVENUS

Cette partie recense tous les types de revenus engrangés par le ménage. En effet, le salarié qui perçoit un salaire peut tout aussi bien recevoir des dividendes et des intérêts, tout comme le retraité peut accumuler sa pension avec le fruit de ses investissements.

De manière générale, les différents types de revenus du ménage sont :

- ✓ **Les revenus du travail :** Les salaires, bonus et gratifications diverses.
- ✓ **Les revenus du capital :** Les dividendes reçus, les intérêts reçus, les loyers perçus, les gains des placements sur les marchés des capitaux.
- ✓ **Les transferts sociaux :** Les allocations versées par le gouvernement ou autres organismes ou encore par la famille, les pensions de retraite.

La somme de ces différents revenus constitue le revenu disponible du ménage si l'on fait l'hypothèse qu'il s'est déjà acquitté de ses impôts et taxes divers à travers les mécanismes de retenue à la source et de tous autres dispositifs de recouvrement des impôts et taxes en vigueur dans le pays.

G.2. LES DÉPENSES

Les dépenses sont nombreuses et sont répertoriées dans deux grandes catégories :

Les dépenses institutionnelles ou obligatoires : Elles peuvent être regroupées en deux sous catégories qui sont *(1)* les engagements financiers et *(2)* les autres dépenses institutionnelles.

Les engagements financiers sont :

- ✓ Remboursement prêt immobilier ;
- ✓ Remboursement prêt automobile ;
- ✓ Remboursement prêts bancaires divers ;
- ✓ Remboursement prêt personnel ;
- ✓ Frais bancaires divers ;
- ✓ Prime d'assurances Police d'assurance vie ;
- ✓ Prime d'assurance immeuble ;
- ✓ Prime d'assurance véhicule et responsabilité civile ;
- ✓ Prime d'assurance santé ;
- ✓ Autres.

Bien évidemment, la situation de chaque ménage est unique. Il peut arriver que certaines de ces obligations ne soient pas opposables à certains autres ménages.

Les autres dépenses institutionnelles sont :

- ✓ Scolarité ;
- ✓ Sécurité ;
- ✓ Électricité ;
- ✓ Eau ;
- ✓ Téléphonie *(fixe, mobile, internet, etc.)* ;
- ✓ Loyer et abonnement divers ;
- ✓ Autres.

Les dépenses personnelles : ce sont les dépenses à la discrétion du ménage et qui concernent la vie courante. On en dénombre trois types, notamment *(1)* les dépenses de domesticité, *(2)* les déplacements et loisirs et *(3)*, la vie associative.

Les dépenses de domesticité sont :

- ✓ Entretien/réparation à domicile ;
- ✓ Jardinage ;

✓ Mobilier/Equipment ;

✓ Alimentation ;

✓ Habillement/pressing ;

✓ Santé *(dépenses de santé en l'absence de couverture médicale, soins urgents, et pharmacie)* ;

✓ Encadrement enfants *(encadreurs à domicile, argent de poche, etc.)*

✓ Personnel de maison ;

✓ Autres.

Les dépenses de mobilité et de loisirs sont :

✓ Carburant ;

✓ Entretien voitures ;

✓ Hobbies *(Sorties/diners, etc.)* ;

✓ Vacances *(Voyages, etc.)* ;

✓ Autres.

Les dépenses liées à la vie associative sont :

✓ Cotisations et transferts familiaux ;

✓ Contribution associations diverses *(clubs, associations caritatives ou politiques, etc.)* ;

✓ Cadeaux ;

✓ Autres.

Toutes ces rubriques de dépenses sont additionnées pour obtenir la dépense mensuelle ou périodique du ménage. Le revenu disponible est confronté à la dépense totale. Si la différence est positive, alors le ménage épargne. Dans le cas contraire, il désépargne et devra alors avoir recours à des financements extérieurs pour combler son surplus de dépense.

Bien entendu, le ménage peut décider dès réception de son revenu, du montant des sommes à épargner et peut moduler ses dépenses de sorte à atteindre cet objectif. Il existe à cet effet plusieurs stratégies de gestion des revenus. On parle souvent de la règle de 50/30/20 ou 50 % des revenus sont consacrés aux dépenses institutionnelles ou obligatoires, 30 % aux dépenses personnelles et 20 % à l'épargne.

Ainsi le compte d'exploitation du ménage retrace comme pour l'entreprise, les revenus *(recettes pour l'entreprise)* d'un côté et les dépenses *(charges pour l'entreprise)* de l'autre. Le solde entre les revenus et les dépenses constitue l'épargne et/ou le cas échéant le déficit d'épargne. Il est possible de créer un fichier Excel de gestion de ce compte d'exploitation et de bien gérer ses finances personnelles. Ce fichier peut prendre la forme suivante :

Tableau 5 : compte d'exploitation du ménage

DÉPENSES			**REVENUS**		
Dépenses Institutionnelles ou Obligatoires					
Engagements Financiers	**Montant**	%	**Revenus du travail**	**Montant**	%
Remboursement prêt immobilier			Salaires, bonus et gratifications		
Remboursement prêt automobile			***Sous Total***		
Remboursement prêts bancaires divers					
Remboursement prêt personnel			**Revenus du capital**		
Frais bancaires divers			Dividendes reçus		
Prime d'assurances Police d'assurance vie			Intérêts reçus		
Prime d'assurance immeuble			Loyers perçus		
Prime d'assurance véhicule et responsabilité civile			Gains marchés des capitaux		
Prime d'assurance santé			Autres		
Autres			***Sous Total***		
Sous Total			**Transferts sociaux**		

			Allocations reçues (gouvernement, autres organismes, famille		
Autres dépenses institutionnelles			Pensions de retraite		
Scolarité			***Sous Total***		
Sécurité					
Électricité					
Eau					
Téléphonie (fixe, mobile, internet, etc.)					
Loyer et abonnement divers					
Autres					
Sous Total					
Total dépenses institutionnelles ou obligatoires					
Dépenses personnelles					
Domesticité					
Entretien/réparation à domicile					
Jardinage					
Mobilier/Equipment					

Alimentation					
Habillement/pressing					
Santé (dépenses de santé en l'absence de couverture médicale, soins urgents, et pharmacie)					
Encadrement enfants (encadreurs à domicile, argent de poche, etc.)					
Personnel de maison					
Autres					
Sous Total					
Déplacements et loisirs					
Carburant					
Entretien voitures					
Hobbies (Sorties/dîners, etc.)					
Vacances (Voyages, etc.)					
Autres					
Sous Total					

Vie associative					
Cotisations et aides familiaux					
Contribution associations diverses (clubs, associations caritatives ou politiques, etc.)					
Cadeaux					
Autres					
Sous Total					
Total dépenses personnelles					
TOTAL DÉPENSES			**TOTAL REVENUS**	-	
ÉPARGNE (si revenus supérieurs aux dépenses)			DÉSÉPARGNE (si revenus inférieurs aux dépenses)		

H. LE BILAN DU MÉNAGE

Le deuxième outil de gestion des finances personnelles est le bilan du ménage. Il s'agit ici de déterminer l'actif net du ménage en comparant son patrimoine et ses dettes. Le patrimoine constitue l'actif de son bilan quand les dettes représentent le passif pour garder l'analogie avec l'entreprise. Ainsi ce bilan est composé de deux sections, l'actif et le passif.

H.1. L'ACTIF

On distingue deux classes d'actifs. Ce sont les actifs courants *(disponibles immédiatement)* et les actifs immobilisés *(dont la conversion en espèces prendrait plus de temps).*

Les actifs courants sont :

✓ Encaisse *(soldes de tous les comptes chèques, espèces en poche, matelas, canaris, ou coffre-fort à domicile, etc.)* ;

✓ Compte d'épargne courant;

✓ Compte d'épargne à terme (*rachetable dont l'échéance est de moins de 12 mois)* ;

✓ Autres actifs à court terme *(investissement en bons du Trésor, billets de trésorerie, etc.)*

Les actifs immobilisés sont constitués de deux sous classes d'actifs. On a d'une part les actifs financiers et les actifs réels.

Les actifs financiers sont :

✓ Épargne à terme *(dont l'échéance est de 12 mois et plus)* ;

✓ Actions *(parts dans des entreprises, fonds commun de placement)* ;

✓ Obligations *(part de dette sur des entreprises ou sur l'État et les collectivités publiques)* ;

✓ Valeur de rachat d'assurances vie ;

✓ Fonds des travailleurs *(épargne dans des fonds entreprises)* ;

✓ Compte de retraite immobilisé *(cas des pays avec compte de retraite individuel)* ;

✓ Compte d'épargne dédié *(étude, projets, immobilier, etc.)* ;

✓ Régime de pension agréé *(caisse de retraite)* ;

✓ Autres actifs financiers.

Les actifs réels *(biens physiques personnels)* sont :

✓ Meubles et équipements domestiques ;

✓ Véhicules *(auto, bateau, moto, etc.)* ;

✓ Résidence principale ;

✓ Résidences secondaires (*chalet, maison au village, maison de vacances, etc.)*

✓ Immeubles locatifs ;

✓ Fermes *(plantations)* ;

✓ Terrains non bâtis ;

✓ Objets de collection *(Œuvres d'art, etc.)* ;

✓ Bijoux ;

✓ Autres biens personnels.

L'addition des actifs courants et des actifs immobilisés donne le total du patrimoine du ménage ou l'actif du ménage. Il convient de confronter ces actifs avec les ressources qui ont permis sa constitution. C'est le passif du bilan du ménage.

H.2. LE PASSIF

Il est composé des ressources exigibles *(remboursables)* avec différents degrés de maturité. On a ainsi les ressources exigibles à court terme *(de 24 heures à 2 ans),* à moyen terme *(de 2 ans à 5 ans)* et à long terme *(au-delà de 5 ans)*. Ce sont ces ressources qui ont permis d'acquérir les actifs que le ménage possède.

Le passif à court terme est constitué des éléments suivants :

✓ Cartes de crédit ;

✓ Découvert bancaire autorisé ;

✓ Autres sommes dues (*crédit octroyé par la famille ou des amis, etc.)*.

Le Passif à moyen terme est composé comme suit :

✓ Prêts automobiles ;

✓ Prêts personnels *(pour financer des équipements divers)* ;

✓ Autre passif à moyen terme.

Le passif à long terme prend en comptes les dettes suivantes :

✓ Prêts hypothécaires *(résidence principale, résidence secondaire ou au village, immeubles locatifs)* ;

✓ Prêts pour investissement *(pour acheter des actions, obligations ou autres actifs financiers, etc.)* ;

- ✓ Prêts scolarité *(pour financer les études)* ;
- ✓ Autre passif à long terme.

Les trois passifs sont additionnés pour obtenir le passif total. Ce résultat donne l'ensemble des ressources que le ménage a sollicité auprès de ses différents bailleurs de fonds *(banques, famille, tontines, etc.)*.

La différence entre l'actif et le passif donne l'actif net ou le patrimoine net ou encore la fortune nette du ménage. Il est possible de créer un fichier Excel pour le bilan du ménage. Ce fichier peut prendre la forme suivante :

Tableau 6 : bilan du ménage

ACTIF	**Montant**	%	**PASSIF**	**Montant**	%
Actifs Courants			**Passif à court terme**		
Encaisse	-		Cartes de crédit	-	
Compte d'épargne courant	-		Découvert bancaire autorisé		
Compte d'épargne à terme rachetable	-		Autres sommes dues		
Autres actifs à court terme	-		**Sous total**	-	
Sous total			**Passif à moyen terme**		
Actifs financiers			Prêts automobiles		
Épargne à terme a plus de 12 mois			Prêts personnels		
Actions (valorisation récente)			Autre passif à moyen terme	-	
Obligations			Sous total	-	
Valeur de rachat d'assurances vie	-		**Passif à Long terme**		
Fonds des travailleurs	-		Prêts hypothécaires		
Compte de retraite immobilisé	-		Prêts pour investissement		
Compte d'épargne dédié	-		Prêts scolarité		
Régime de pension agréé			**Sous Total**		

Autres actifs financiers			**Total Passif**		
Sous total					
Actifs réels					
Meubles et équipements domestiques	-				
Véhicules	-				
Résidence principale					
Résidences secondaires					
Immeubles locatifs	-				
Fermes (plantations)	-				
Terrains non bâtis	-				
Objets de collection	-				
Bijoux					
Autres biens personnels					
Sous total					
Total Actif					
FORTUNE NETTE (TOTAL ACTIF MOINS TOTAL PASSIF)				-	

En pilotant ainsi son patrimoine à l'aide de cet outil, le ménage peut définir ses objectifs d'accumulation de biens et d'investissement, identifier ses sources de financement et se ménager un profil d'endettement adéquat qui lui permettra de lever des ressources additionnelles auprès des bailleurs de fonds s'il le désire. Ces derniers seront d'autant mieux disposés à faire affaire avec ce type de ménage qu'il semble organisé et sait exactement la valeur de son patrimoine.

Avant de fermer la discussion sur le ménage, il est utile de cerner la notion de l'épargne, terme qui est revenu bien souvent dans ce chapitre.

I. L'ÉPARGNE EXPLIQUÉE

Le comportement de l'épargnant a été modélisé par l'économiste italo-américain Franco Modigliani qui a même reçu le prix Nobel d'économie pour sa théorie *du « cycle de vie »* ou il décrit la stratification du niveau d'épargne en fonction de l'âge des individus. L'épargne est définie comme le solde entre la consommation et le revenu.

Selon ce modèle, l'on épargne pour maintenir son niveau de vie tout au long de sa vie. Cependant la capacité à épargner est dépendante des variables comme le revenu et l'âge.

Au début de la vie active, lorsque le revenu est faible, les individus s'endettent *(leur épargne est négative)*. Ils désépargnent. Avec l'âge et l'expérience, le revenu croît jusqu'à dépasser le niveau de consommation souhaité, ce qui se traduit par une épargne positive. A la retraite, le revenu décroît et les individus désépargnent à nouveau. *Ils « consomment »* leurs épargnes.

Sur la base de ce modèle, on peut définir quatre groupes d'âge avec un niveau d'épargne associé.

Dans la tranche d'âge des moins de 30 ans, le niveau d'épargne est faible, sinon négatif.

De 30 à 44 ans, le niveau croit et entre 45 et 60 ans, l'épargne devient plus importante avant de commencer à baisser à partir de 60 ans.

Dans ces conditions et toute chose étant égale par ailleurs, les pays qui présentent un profil de main d'œuvre avec une forte concentration dans la tranche de 30 ans à 60 ans devraient bénéficier d'un niveau d'épargne plus important que les pays avec une forte population en âge de retraite. L'épargne étant l'autre versant de l'investissement, les pays jeunes devraient en tirer de grands bénéfices.

Les principales notions étudiées dans ce chapitre sont:

- ✓ Les ménages reçoivent des salaires de la part des entreprises en rémunération du travail fourni ;
- ✓ Ils reçoivent des transferts sociaux de la part du gouvernement pour la retraite et divers autres transferts sociaux ;
- ✓ Ils perçoivent des intérêts, dividendes, intérêts pour les activités d'épargne et d'investissement ;
- ✓ Ils utilisent ces revenus pour consommer les biens et services, épargner et payer les impôts ;
- ✓ Ils combinent plusieurs stratégies pour s'assurer de l'équilibre entre les besoins de consommation et d'épargne/investissement ;
- ✓ Ces stratégies sont résumées dans le compte d'exploitation et le bilan du ménage ;
- ✓ L'épargne est importante pour l'investissement et le développement économique.

Le chapitre suivant aborde le rôle de l'État qui constitue le troisième agent économique.

CHAPITRE III

L'ÉTAT

L'État, c'est la puissance publique. Il joue un rôle majeur dans l'économie. Il régule l'activité des autres agents économiques de sorte à améliorer le taux de croissance économique, réduire/éliminer le chômage, assurer la stabilité des prix *(lutter contre la hausse des prix, c'est-à-dire l'inflation)* et promouvoir l'équilibre *extérieur (les relations avec le reste du monde)*. Ces objectifs sont connus comme *le « carré magique »* ainsi baptisé en l'honneur de l'économiste britannique Nicolas Kaldor qui l'a défini. Ce carré magique constitue la trame de ce qu'il convient d'appeler la politique macroéconomique, c'est-à-dire la politique économique de l'État. Pour conduire cette politique, L'État dispose de deux instruments. La politique fiscale et la politique monétaire.

J. LA POLITIQUE FISCALE

J.1. DÉFINITION ET INSTRUMENTS

La politique fiscale consiste à utiliser les finances publiques pour influer sur l'ensemble de l'économie pour atteindre des objectifs donnés *(lutter contre l'inflation, combattre le chômage, accélérer la croissance économique, équilibrer les comptes extérieurs, etc.)*.

Les objectifs de la politique fiscale sont donc multiples et varient surtout en fonction de l'évolution actuelle et prévisible de l'économie. Quelle que soit l'orientation donnée à la politique fiscale, elle s'appuie sur deux outils principaux : les dépenses publiques ; les recettes publiques. Elles constituent la trame du budget de l'État. Par conséquent, l'outil fondamental de la politique fiscale est le budget de l'État. C'est la direction donnée à chacun des éléments ci-dessus qui détermine les objectifs que l'État veut atteindre. Avant d'aller plus loin dans la gestion de ces éléments, il est bon d'en connaître la composition.

Composition des dépenses publiques : Les dépenses publiques comprennent les rubriques suivantes :

- ✓ Dépenses de fonctionnement des administrations publiques (centrales et locales) ;
- ✓ Transferts et subventions;
- ✓ Charge de la dette ;
- ✓ Dépenses d'investissements de grands projets spécifiques.

Composition des recettes publiques : On note deux types de lignes de revenus. Ce sont les revenus fiscaux et les revenus non fiscaux.

- ✓ Les revenus fiscaux proviennent des divers impôts et taxes. Ce sont les postes suivants :
    - o Les impôts directs *(supportés et payés par la même entité)*
        - ▪ Impôts sur les revenus ;
        - ▪ Impôts sur les bénéfices industriels et commerciaux ;
        - ▪ Impôt sur la fortune (*dans les pays où ce type d'impôt existe)* ;
        - ▪ L'impôt foncier ;
        - ▪ Autres impôts et taxes directs ;
    - o Les impôts indirects *(supportés par une entité, mais collectés et payés par une autre entité)*
        - ▪ Taxes sur les ventes *(TVA, taxes spécifiques sur les ventes)* ;
        - ▪ Droits d'accises ;
        - ▪ Taxes douanières ;
        - ▪ Taxes sur les prestations de services ;
        - ▪ Autres impôts et taxes indirectes.
- ✓ Les revenus non fiscaux. Ce sont les postes suivants :
    - o Sanctions, pénalités, amendes, etc. ;
    - o Frais divers ;
    - o Dividendes reçus des investissements publics ;

- o Recouvrement des prêts publics ;
- o Intérêts sur comptes ;
- o Ventes d'actifs publics ;
- o Produits du domaine de l'État ;
- o Dons et gratuités ;
- o Emprunts locaux et internationaux.

J.2. LES EFFETS DE L'ACCROISSEMENT DES DÉPENSES PUBLIQUES

Les effets potentiels sur l'économie sont :

- ✓ Les achats de biens et services augmentent *(construction de routes, ponts, ports, aéroports, réseau de télécommunications, constructions d'hôpitaux, écoles, réseau d'irrigation, assainissement, etc.)* ;
- ✓ Les revenus des ménages augmentent *(embauche dans la fonction publique et le secteur privé, hausse des transferts sociaux, etc.)* ;
- ✓ Les revenus fiscaux tirés des impôts indirects augmentent *(TVA, taxes sur les ventes, etc.)* ;
- ✓ Les revenus du secteur privé augmentent, entrainant une hausse de la consommation *(octroi de nouveaux marchés publics, nécessitant un renouvellement des outils de production et relance des emplois privés, etc.)* ;
- ✓ La circulation des fonds dans l'économie croit *(accroissement des flux physiques et flux monétaires dans l'économie)* ;
- ✓ Toutes ces activités aboutissent à une croissance du niveau de production et nécessairement du produit Intérieur Brut *(PIB)*.

A priori, l'augmentation des dépenses publiques est donc une bonne politique économique puisqu'elle permet une augmentation du revenu national *(PIB)*.

Cependant cette politique d'augmentation des dépenses publiques doit être financée. Il faut par conséquent trouver les ressources nécessaires pour exécuter ces dépenses qui croissent.

En général, ces revenus proviennent principalement des trois activités suivantes :

- ✓ Emprunts sur les marchés financiers locaux, régionaux et internationaux ;
- ✓ Augmentation des impôts et taxes ;
- ✓ Création de monnaie.

Cependant ces trois activités peuvent avoir des effets négatifs sur l'économie comme discuté ci-dessous.

L'augmentation des emprunts : Lorsque l'État emprunte pour financer ses dépenses, la dynamique dans l'économie est la suivante :

- ✓ Le gouvernement rentre en compétition directement sur le marché de la dette avec les entreprises pour les mêmes ressources disponibles. Il éclipse ces dernières. C'est l'effet d'éviction. En effet, le risque État est perçu comme plus faible par les investisseurs ;
- ✓ La présence de l'État sur le marché de la dette accroit les taux d'intérêt. En effet, les investisseurs/banquiers qui ont investi une grande partie de leurs ressources dans les titres d'emprunt de l'État vont demander une rémunération plus importante aux entreprises qui souhaitent emprunter les ressources restantes. Dans l'incapacité d'emprunter à moindre coût, les entreprises vont freiner leurs investissements, réduire leur production et l'embauche. C'est l'accroissement du chômage.

L'augmentation des impôts et taxes : L'augmentation des impôts et taxes conduit à baisser le revenu disponible *(revenu après paiement de l'impôt)* des entreprises et des ménages. Dans ces conditions, les entreprises réinvestissent très peu ou désinvestissent et les ménages consomment moins, ce qui se traduit par une baisse généralisée de la consommation, de la production, de l'embauche et l'accroissement du chômage.

La création de la monnaie : Le financement des dépenses publiques par la création ex nihilo de la monnaie, ou planche à billets conduit à la hausse généralisée des prix et la baisse de confiance du public dans les billets qui sont émis. Cela entraîne bien entendu, la baisse de la production et le chômage.

Au vu de ce qui précède, l'augmentation des dépenses publiques n'apparaît plus comme une excellente politique économique car son financement entraîne des effets indésirables et contraires à l'objectif recherché.

En réalité, il n'y a pas de politique économique linéaire. Tout est une question de compromis, d'ajustement, de dosage et surtout d'analyse objective de la situation économique du moment. C'est cette analyse qui guide le dosage qu'il convient de faire pour l'orientation adéquate des dépenses publiques et des revenus publics. Il convient donc de mixer à bon escient les instruments qu'on vient de voir pour obtenir les résultats désirés.

J.3. L'ORIENTATION DE LA POLITIQUE FISCALE

La politique fiscale et ses instruments sont utilisés pour résoudre les problèmes économiques identifiés par les autorités publiques. La direction que prennent ces outils dépend de la situation économique du moment. Quels sont donc les problèmes économiques à résoudre ?

Il y a généralement deux types de problèmes économiques à résoudre. Soit l'économie est en récession, soit elle est en expansion. C'est ce qu'on appelle le cycle économique avec les périodes de récession et de croissance/expansion. Dans les deux cas, le gouvernement applique la politique fiscale qui convient pour aider à corriger la situation. En situation de récession, l'objectif du gouvernement est de sortir l'économie de cette phase. En situation de croissance, l'objectif est d'éviter de tomber en récession et de faire durer autant que possible la situation de croissance.

Les deux cas ci-dessus sont observés dans toutes les économies du monde.

a) LA RÉCESSION ÉCONOMIQUE

La récession économique est définie comme une période d'au moins deux trimestres consécutifs de recul de la richesse ou la production du pays désignée sous le vocable PIB. Lorsque cette situation perdure sur plusieurs années, on parle de dépression économique. Elle se caractérise par une diminution importante et durable du PIB. Le taux de croissance économique est alors faible, en recul ou carrément négatif. La récession se caractérise par plusieurs problèmes économiques, dont les plus visibles sont :

- ✓ La hausse du chômage ;
- ✓ La baisse des investissements des entreprises ;
- ✓ La baisse des volumes d'activité des marchés financiers ;
- ✓ La baisse du pouvoir d'achat des ménages ;
- ✓ Le surendettement des ménages.

Plus ce phénomène dure, plus ses effets sont importants et s'enchaînent. Il revient donc au gouvernement et aux autorités publiques de prendre les mesures nécessaires pour arrêter la spirale et stabiliser l'activité économique. L'un des outils que le gouvernement va utiliser est la politique fiscale. En situation de récession, la politique fiscale utilisée par le gouvernement est dénommée la politique fiscale expansive. Elle consiste à augmenter les dépenses publiques et baisser les taux d'imposition. L'objectif recherché est de stimuler l'économie en vue de redresser les torts causés. Ces actions sont également désignées sous le terme de mesures de relance économique ou « *stimulus package* » en anglais.

L'effectivité de cette politique peut se mesurer par l'évolution des variables de l'équation fondamentale de l'activité économique.

$$Y=C+I+G+X-M$$

Ou Y est égal au revenu national, C la consommation des ménages, I l'investissement des entreprises, G, les dépenses publiques, X, les exportations et M, les importations.

La politique fiscale expansive qui entraine l'augmentation des dépenses publiques (G) et la réduction des taux d'imposition va avoir les effets suivants :

- ✓ **Augmentation de la consommation des ménages (C)** : La hausse de G entraine une augmentation des contrats publics pour les entreprises qui vont se remettre à embaucher, ce qui tend à accroitre le revenu et la consommation des ménages. La baisse des taxes entraine aussi une hausse du revenu disponible des ménages qui accroissent leur consommation ;

✓ **Augmentation des Investissements *(I)* :** La disponibilité de nouveaux contrats publics va susciter des nouveaux investissements de la part des entreprises qui vont s'équiper pour réaliser ces marchés. Par ailleurs, la baisse des taxes augmente la capacité d'autofinancement des entreprises *(revenu disponible des entreprises)*. Elles vont donc investir de nouveau ;

✓ **Impact sur le commerce extérieur *(X-M)* :** Cet impact reste mitigé. Il est fort possible que le regain de production accroisse le niveau des exportations. Cependant la hausse du pouvoir d'achat peut aussi entrainer une hausse des importations.

A partir du moment où la consommation *(C)*, l'investissement *(I)*, les dépenses publiques *(G)* augmentent, le revenu national *(Y)* augmente de facto. L'économie peut alors sortir de la récession.

Cette politique a été théorisée par l'économiste anglais John Maynard Keynes et appliquée pour la première fois par le Président américain Franklin Delano Roosevelt pour sortir l'Amérique des griffes de la grande dépression des années 1930. C'est le fameux New Deal qui a consisté à lancer des grands travaux d'infrastructures à travers toute l'Amérique et permis de vaincre la crise économique.

C'est cette politique qui a encore été utilisée lors de la crise économique de 2008 pour relancer les économies américaines et européennes avec les importantes injections de fonds dans l'économie à travers les « *stimulus package* ». Le gouvernement anglais a même nationalisé la Royale Bank of Scotland *(la deuxième plus grande banque du Royaume-Uni)*.

Aux USA, d'importants prêts gouvernementaux ont été faits aux grandes industries de l'automobile qui leur ont permis de retrouver leur compétitivité.

La politique fiscale expansive peut donc être une véritable solution pour résoudre la récession si les conditions suivantes sont réunies:

o Attribuer les marchés qui résultent de ces projets aux entreprises les plus compétentes *(transparence dans l'attribution des marchés);*

o Impliquer au maximum les entreprises locales, soit par l'introduction de clause de « *local content* » dans le cahier des charges des entreprises retenues lorsque la technologie nécessaire à l'exécution d'un projet est majoritairement d'origine étrangère, soit par l'attribution de la totalité des marchés aux entrepreneurs locaux lorsque la technologie est disponible localement ;

o Éliminer la corruption *(rétrocommissions, attributions complaisantes des marchés, etc.)* qui alourdit la facture du gouvernement et qui aboutit à une exécution ineffective des marchés publics et qui accroit le coût de production des entreprises et les rend peu compétitives tant sur le marché local que sur le marché international;

o Contenir le déficit budgétaire à un niveau raisonnable. On parle souvent de maintenir le déficit budgétaire à un certain niveau du PIB, généralement autour de 3 % du PIB ;

o Améliorer le recouvrement de l'impôt par accroissement de l'assiette fiscale surtout dans le contexte africain avec la modernisation du secteur dit « *informel* », la simplification des procédures fiscales, la réduction des exonérations multiformes et congés fiscaux non justifiés, l'informatisation du recouvrement ;

o Rendre les dépenses publiques efficaces en éliminant les institutions/mesures inutiles, les projets somptueux dont l'impact sur l'économie n'est pas démontré, réduire le haut train de vie des fonctionnaires ;

o Éviter la « *surchauffe* » des marchés financiers : en effet une augmentation significative du déficit budgétaire indique une hausse de la demande de financement du gouvernement. Comme pour tout produit, plus la demande est élevée, plus le prix augmente, ce qui entraine un cycle de dette coûteux *(le prix de la dette étant le taux d'intérêt)* pour le gouvernement mais aussi pour le secteur privé.

b) LA CROISSANCE ÉCONOMIQUE

La croissance économique mesure l'accroissement significatif du PIB entre deux trimestres ou entre deux années. Cette évolution de la richesse est exprimée en pourcentage *(%)*. C'est ce qu'on appelle le taux de croissance. Une économie est en croissance lorsque ce taux croît de manière soutenue. Il n'y a pas de taux de croissance idéal. Tout dépend de la structure de l'économie en question. Au regard de la base économique du pays (*le PIB de l'année n-1),* un taux de croissance de 1 à 3 % peut être satisfaisant pour un pays développé *(pays industrialisé),* quand il devrait être au-delà de 5 % pour tendre vers 10 % pour un pays en développement.

En situation de croissance, l'économie présente les caractéristiques suivantes :

- ✓ Hausse des salaires ;
- ✓ Baisse du chômage ;
- ✓ Hausse des profits des entreprises ;
- ✓ Hausse de la confiance de la population qui se traduit par la hausse de la consommation, des investissements et du dynamisme des marchés boursiers ;
- ✓ Hausse des recettes publiques *(la hausse des revenus des ménages et des entreprises se traduisent par une croissance automatique des recettes publiques)* ;
- ✓ Baisse des taux d'intérêt.

Tout est donc parfait dans le meilleur des mondes. Cependant, cette situation idyllique contient les germes de sa propre destruction. En effet, lorsque tous les voyants sont ainsi au vert, la dynamique qui se joue dans l'économie est la suivante :

- ✓ Les ménages dont les revenus sont déjà élevés empruntent aux taux relativement bas pour consommer davantage. Ils demandent plus de biens et services locaux et étrangers *(hausse des importations)* ;
- ✓ Le gouvernement avec des recettes plus importantes multiplie les transferts sociaux *(parfois injustifiés et à caractère électoraliste),* finance des projets pharaoniques dont les

retombées économiques ne sont pas évidentes, augmente son train de vie ;

✓ Sur les marchés financiers, les bulles spéculatives se forment et sont financées par l'endettement moins cher.

L'économie bouillonne et si cette boulimie de consommation n'est pas absorbée par l'offre de biens et services, les prix augmentent significativement. C'est l'inflation. Avec la persistance de l'inflation, les revenus s'effritent, les ménages consomment moins, les entreprises investissent peu, la confiance dans le futur s'étiole, et le sceptre de la récession pointe.

De manière générale, pour que la croissance économique dure plus longtemps, le taux de croissance devrait être supérieur au taux de l'inflation. En effet si le taux de croissance est de 5 % et que le taux d'inflation est aussi à ce niveau, il n'y a pas de création effective de richesse. Toute la nouvelle richesse créée est alors absorbée par la hausse des prix. C'est pourquoi, la lutte contre l'inflation est au centre de la politique fiscale en situation de croissance économique. L'objectif du gouvernement sera de réduire les tensions inflationnistes par le contrôle de la hausse de la demande tout en contribuant à maintenir ou augmenter l'offre de la production de sorte à ce que la demande et l'offre évoluent dans le même sens. C'est la politique fiscale restrictive ou la politique d'austérité.

L'exécution de la politique fiscale restrictive nécessite que le gouvernement soit, réduise les dépenses publiques, soit, augmente les impôts et taxes.

Dans un cas comme dans l'autre, l'objectif est de réduire ou de ralentir la hausse de la demande pour combler le gap entre la demande et l'offre. Cette action aura les effets contraires de la politique fiscale expansive sur les agrégats économiques. Ainsi on aura :

✓ La diminution de la consommation *(C)* ;

✓ La diminution des investissements *(I)* ;

✓ La diminution des dépenses publiques *(G)* ;

✓ La diminution des importations *(M)* ;

✓ La réduction du déficit budgétaire, et même parfois, on voit poindre un excédent budgétaire ;

✓ La réduction de la dette publique.

Au total, sous l'effet de l'action du gouvernement, la demande globale baisse pendant que l'offre remonte graduellement avec la baisse des taux d'intérêt consécutifs au retrait de l'Etat du marché financier et même le dégonflement de la dette publique avec le remboursement des stocks de la dette antérieure.

Il s'agit comme on le voit d'un vrai exercice d'équilibriste car autant il s'avère nécessaire de contenir la demande pour éviter la surchauffe de l'économie, autant il convient de maintenir une croissance régulière de l'offre pour parvenir à un équilibre qui extirpe les tensions inflationnistes du circuit économique.

Dans la pratique, la politique fiscale restrictive est très difficile à mettre en œuvre. En effet, la réduction des dépenses publiques ou l'augmentation des impôts ne sont jamais bien accueillies par la population et crée des tensions sociales qui peuvent remettre en cause tous les acquis. C'est pourquoi le meilleur outil pour la gestion de l'inflation est la politique monétaire qui est analysée maintenant.

K. LA POLITIQUE MONÉTAIRE : INTRODUCTION ET RÔLE DE LA MONNAIE

La politique fiscale qui constitue l'un des instruments de politique économique de l'État est directement conduite et exécutée par le gouvernement à travers le budget public. La politique monétaire, quant à elle, est menée par un démembrement de l'administration publique qu'on appelle la Banque Centrale. Celle-ci évalue la situation économique du pays et décide en toute indépendance de recourir à l'un ou à l'autre des multiples outils à sa disposition pour donner la direction qui convient à l'économie nationale, ou de l'union *(pour les cas où les responsabilités de la Banque Centrale couvriraient plusieurs pays ou zone monétaire)*.

La politique monétaire vise aussi à juguler les problèmes liés à l'évolution du cycle économique *(croissance ou récession)*. Tout comme la politique fiscale, elle est expansive lorsque l'économie est en récession et restrictive lorsque la situation inverse est observée *(croissance économique accompagnée par une hausse des prix).*

Elle s'intéresse particulièrement à contrôler *l'inflation (la hausse généralisée des prix)*, la déflation *(la baisse généralisée des prix)*, la stagflation *(la hausse des prix en situation de récession)*. En un mot, elle vise la stabilité des prix et le maintien d'une croissance économique saine. Elle veille aussi à établir la stabilité du taux de change *(la valeur de la monnaie nationale exprimée en une autre monnaie).*

Alors que les mécanismes de transmission des effets des mesures de la politique fiscale dans l'économie sont relativement simples *(augmenter les dépenses publiques, les impôts ou vice versa),* la politique monétaire est bâtie sur un écosystème *(ensemble d'institutions corrélées entre elles)* assez complexe. Il faut une Banque Centrale, qu'on appelle la banque des banques, des banques commerciales (*ou chacun d'entre nous épargne ou obtient un prêt)*, un marché monétaire, et un marché financier, bref un système financier comme défini antérieurement.

En fonction de son évaluation de la performance de l'économie, la Banque Centrale va utiliser plusieurs outils pour atteindre ses objectifs. Ces outils sont :

- ✓ Les opérations d'open-market ;
- ✓ Les facilités permanentes ;
- ✓ Les réserves obligatoires ;
- ✓ Les programmes d'achats d'actifs.

Toutes ces stratégies sont centrées sur l'idée fondamentale qui est d'augmenter ou de réduire la masse monétaire *(tous les moyens de paiement ou de transaction)* à la disposition des agents économiques non bancaires que sont les entreprises, les ménages et les administrations publiques.

Pour bien comprendre les mécanismes de la politique monétaire, il faut maîtriser les enjeux liés à la monnaie. Que représente telle ?, que vaut-elle ? Comment la crée-t-on. À partir de ce moment-là, il sera plus aisé de comprendre la politique monétaire, ses outils et son utilité.

K.1. LES FONCTIONS ET FORMES DE LA MONNAIE

Les trois fonctions de la monnaie sont ci-après :

✓ La monnaie est un intermédiaire des échanges *(elle est un moyen de paiement accepté par tous)* ;

✓ La monnaie est une unité de compte *(les prix de tous les autres biens et services sont calculés par rapport à elle)* ;

✓ La monnaie est une réserve de valeur *(elle permet de différer et de réaliser des achats à des dates ultérieures).*

En résumé, la monnaie est l'actif liquide par excellence, qui ne perd pas sa valeur *(sauf en cas d'inflation).*

La monnaie se présente aujourd'hui principalement sous deux formes :

✓ La monnaie fiduciaire *(pièces et billets de banque)* ;

✓ La monnaie scripturale *(écritures dans les comptes des banques ; notamment les dépôts à vue, dépôts à terme, la monnaie électronique sous toutes ses formes).*

K.2. DÉTERMINATION DE LA VALEUR DE LA MONNAIE

Plusieurs systèmes monétaires se sont succédé à travers les âges. En effet, pour obtenir l'adhésion de tous dans ses différentes fonctions, la monnaie doit représenter une valeur précieuse. C'est pourquoi, la valeur de la monnaie a d'abord reposé sur divers métaux précieux, dont l'or.

✓ L'étalon-or : L'unité monétaire est définie par rapport à une quantité fixe d'or. Les billets et les pièces en métal vil qui circulent sont convertibles en or auprès de la Banque Centrale ;

✓ L'étalon-devise *(dollar)*-or : Le dollar est convertible en or auprès de la Banque Centrale américaine. La valeur des autres monnaies nationales est définie pour une quantité donnée de dollar, qui est lui-même défini pour une quantité fixe d'or. Le dollar est donc le centre du système. Le dollar et l'or sont interchangeables.

✓ Le système monétaire libre : La valeur de la monnaie ne dépend pas d'un quelconque stock d'or dans les coffres de la

Banque Centrale mais réside dans son pouvoir d'achat qui est subordonné aux éléments suivants :

- Les biens et services que l'on peut acheter avec la monnaie sur le marché ;
- La confiance que les acteurs économiques ont dans la monnaie ;
- Le cours légal de la monnaie et les dispositions légales qui l'accompagnent ;
- La crédibilité de la Banque Centrale.

C'est ce système libre qui a cours de nos jours. Dans ce système, la monnaie n'a de la valeur que parce qu'elle peut être échangée contre des biens et services sur le marché. Ce n'est plus le support matériel de la monnaie *(or)* qui est le ciment de sa valeur mais la valeur des biens et services qu'on peut se procurer.

Le support matériel de la monnaie (*billets, pièces de métal vil, écritures manuscrites ou électroniques)* n'a pratiquement pas de valeur. En tant que moyen de paiement, la quantité de monnaie disponible dans l'économie dépend uniquement des besoins réels de l'économie, de l'évolution de la quantité totale des biens et services produits et échangés.

K.3. LA POLITIQUE MONÉTAIRE : LES MÉCANISMES DE LA CRÉATION MONÉTAIRE

L'introduction de la politique monétaire a permis d'en savoir plus sur le processus de détermination de la valeur de la monnaie, depuis l'étalon or en passant par le dollar, pour arriver au concept juridique de cours légal et libératoire qui fait qu'aujourd'hui de simples billets confectionnés à partir de coton et lin, de métaux vils et des écritures en compte dans les banques et autres émetteurs de monnaie électronique, permettent les échanges de biens et services dans l'économie.

Mais la question fondamentale demeure. Comment la monnaie est-elle créée ? Quelles sont les conditions économiques qui sous-tendent la création de la monnaie. Bien entendu, le support physique de la création monétaire est connu. En ce qui concerne, les billets et les pièces, il suffit d'avoir recours aux services d'une imprimerie spécialisée qui s'assure de leur fiabilité matérielle. Ceci est également valable pour la fabrication des chèques, des actifs financiers, des systèmes et des logiciels bancaires qui sont le fait de fournisseurs hautement qualifiés.

a) LES FONDEMENTS DE LA CRÉATION MONÉTAIRE

La création monétaire découle de l'interaction de deux grands secteurs économiques. Ce sont le secteur bancaire ou système bancaire et le secteur non bancaire. Le secteur bancaire est composé de la Banque Centrale, des banques commerciales et des institutions d'émission de monnaie électronique. Le secteur non bancaire est constitué des entreprises non financières, des ménages et des administrations publiques. Chacun de ces acteurs joue un rôle très important dans la création monétaire.

- ✓ Les banques commerciales sont les fournisseurs de monnaie ;
- ✓ Les acteurs non bancaires sont les demandeurs de la monnaie ;
- ✓ La Banque Centrale, bien que n'ayant pas de rapport direct avec le secteur non bancaire est le régulateur de la monnaie. En d'autres termes la Banque Centrale est l'arbitre du match entre les banques commerciales et le secteur non bancaire. Elle établit les règles du jeu, donne les *« penaltys »*, *« coups francs »*, *« carton rouge ou jaune »*, etc.

Seules les banques commerciales, en dehors du gouvernement central, peuvent avoir des comptes à la Banque Centrale.

Il existe deux types de monnaie dans une économie. La monnaie créée et administrée par la Banque Centrale et la monnaie créée par les banques commerciales. La monnaie créée par la Banque Centrale est appelée la monnaie de base. Elle est constituée des billets et pièces qu'elle met à la disposition du secteur non bancaire par l'intermédiaire des banques commerciales, et les réserves constituées des dépôts en compte des banques commerciales pour dénouer uniquement les opérations à l'intérieur du système bancaire *(entre banques commerciales et entre banques commerciales et Banque Centrale)*. Les billets et pièces sont regroupés sous le vocable de monnaie fiduciaire, c'est-à-dire, une monnaie qui emporte la confiance de ses usagers. Cette confiance repose sur la garantie de l'Etat incarnée par la Banque Centrale.

La monnaie créée par les banques commerciales est appelée la monnaie scripturale ou monnaie en compte en ce sens qu'elle repose exclusivement sur les écritures en compte dans les banques commerciales. Ce sont principalement les dépôts à vue, la monnaie électronique, les comptes d'épargne mobilisables à moins de trois mois, les comptes d'épargne à terme de deux ans, et certains actifs financiers non spéculatifs.

La monnaie fiduciaire et la monnaie scripturale constituent la masse monétaire, c'est-à-dire l'ensemble des moyens de paiement et de transaction à la disposition du secteur non bancaire pour échanger des biens et services.

Parce qu'elle est produite par le secteur bancaire pour l'usage du secteur non bancaire, la masse monétaire constitue donc des engagements du secteur bancaire vis-à-vis du secteur non bancaire. Ce sont en effet, les avoirs détenus par les agents économiques non bancaires résidents ou non dans le pays qui peuvent se transformer en demande de biens et services sur le marché.

Les réserves en compte des banques commerciales à la Banque Centrale ne font pas partie de la masse monétaire. Elles n'interviennent pas directement dans les échanges commerciaux comme la monnaie fiduciaire et la monnaie scripturale mais elles exercent une influence considérable sur le niveau de la masse monétaire et constituent la trame de la politique monétaire de la Banque Centrale qui sera disséquée plus tard.

Les éléments constitutifs de la masse monétaire sont répertoriés en des sous-ensembles qu'on appelle agrégats monétaires en fonction de leur degré de liquidité. Cette classification qui est faite par la Banque Centrale peut varier d'un pays à un autre mais on retient généralement les trois agrégats monétaires suivants :

- ✓ M1: Cet agrégat regroupe les pièces et les billets en circulation, et les dépôts à vue *(comptes courants)*. C'est l'agrégat le plus liquide ;

✓ M2: A M1 s'ajoutent les dépôts pas disponibles immédiatement mais mobilisables avec un préavis inférieur ou égal à trois mois *(comptes d'épargne-logement, livrets d'épargne populaire)*; les dépôts à terme d'une durée inférieure ou égale à deux ans *(plan d'épargne logement, etc.)* ;

✓ M3: On obtient M3 en y ajoutant à M2 les instruments du marché monétaire *(billets de trésorerie, bons du Trésor)*, ainsi que d'autres actifs financiers d'une durée maximale égale à deux ans et non spéculatifs.

Ces prérequis sont utiles pour bien comprendre le processus de création et de « destruction » de la monnaie.

b) LA CRÉATION DE LA MONNAIE FIDUCIAIRE PAR LA BANQUE CENTRALE

La monnaie fiduciaire est constituée des billets et pièces qui sont exclusivement produits par la Banque Centrale et distribués aux banques commerciales pour les besoins de leurs clients.

La Banque Centrale produit ces billets et pièces en fonction des préférences des agents économiques non bancaires qui restent la contrepartie de la création monétaire. Si ces derniers préfèrent voir leurs avoirs demeurer en banque et échanger grâce aux outils électroniques, la Banque Centrale produira moins de billets et pièces. Si par contre, ils préfèrent « *toucher* » les billets, la Banque Centrale en produira plus.

Le processus de production des billets et pièces est le suivant :

✓ Lorsque ses clients l'exigent *(ou en prévision des requêtes de ses clients)*, la banque commerciale fait la requête des billets à la Banque Centrale ;

✓ Cette dernière fait appel à un fournisseur spécialisé pour la production des billets et pièces demandés. Elle remet les lots produits à la banque commerciale qui en a fait la demande, par le débit de son compte de réserves ;

✓ Il faut noter que la Banque Centrale peut au préalable produire ces billets et pièces et les distribuer au fur et à mesure des besoins exprimés par les banques commerciales ;

✓ Lorsque la banque commerciale remet les billets à ses clients, elle débite concomitamment les dépôts à vue de ces derniers. La mise en circulation des billets change la configuration de la masse monétaire *(augmentation des billets et baisse des dépôts; deux éléments constitutifs de la masse monétaire)* mais ne donne lieu à la création monétaire. Il s'agit donc d'un simple transfert des dépôts bancaires vers les billets, sans que la masse monétaire en circulation dans l'économie ne gonfle.

NB : Bien que rare, l'achat d'un bien meuble ou immeuble par la Banque Centrale auprès d'un agent économique non financier peut aussi s'interpréter comme de la création monétaire car concourt à l'accroissement des dépôts de ce dernier, donc augmentation de la masse monétaire.

c) LA CRÉATION DE LA MONNAIE SCRIPTURALE PAR LES BANQUES COMMERCIALES

La monnaie scripturale est créée à l'occasion de trois évènements économiques, notamment, la mise en place de crédit, l'achat d'actifs financiers ou réels et la conversion de devises, par les banques commerciales. Cependant, pour bien visualiser l'impact de ces opérations sur le processus de création monétaire, il est bon de connaitre la signification des éléments constitutifs du bilan d'une banque. Ce sont, en effet, ces éléments qui seront affectés au fur et à mesure que ces opérations ont lieu.

L'Actif regroupe les postes suivants :

- ✓ Tout ce qui appartient à la banque (caisse, comptes de réserves à la Banque Centrale, titres financiers, immeubles, etc.,)
- ✓ Tout ce qui est dû à la banque (tout type de prêt)

Le Passif contient :

- ✓ Tout ce que la banque doit aux autres (tout type de dépôts, titres financiers émis, etc.)
- ✓ Fonds apportés par les actionnaires et toutes autres sommes dues.

Tableau 7 : bilan simplifié d'une banque

ACTIF	PASSIF
Opérations de trésorerie et interbancaires *(comptes de réserves, caisse, prêts interbancaires, chèques postaux)*	**Opérations de trésorerie et interbancaires** *(toutes sommes dues, emprunts interbancaires, etc.)*
Crédits clientèles *(crédits à court, moyen et long terme)*	**Dépôts clientèles** *(tout dépôt à court, moyen et long terme)*
Portefeuille titres *(tous titres souscrits)*	**Portefeuille titres** *(tous titres émis)*
Actif immobilisé *(immeubles, cautionnement, etc.,)*	**Fonds propres** *(ressources des actionnaires et autres sommes dues*

La création de monnaie par l'octroi de crédit *(prêt)*: Comme pour tout bien ou service, pour qu'il y ait production, il faut de la demande. Les acteurs économiques non bancaires, lorsqu'ils demandent des crédits à leur banque, contribuent à créer de la monnaie. En effet, un ménage peut souhaiter acquérir des biens de consommation *(voitures, maisons, etc.)*. Il en est de même pour les entreprises qui veulent accroitre leurs capacités de production pour satisfaire la demande de leurs clients. Ces acteurs ont besoin de liquidité pour atteindre leurs objectifs.

En réponse à cette demande, les banques commerciales vont offrir du crédit. Après analyse des requêtes qui leur sont soumises et tenant compte de leur objectif de rentabilité et du profil de risque des requérants, les banques commerciales vont octroyer le crédit sollicité. Cette opération donne lieu à la fois à la création d'un actif pour la banque mais aussi un engagement pour celle-ci.

En effet, lorsque le client accepte le prêt, il fait en même temps une promesse de remboursement, ce qui est matérialisé par un accord de crédit. Cela constitue l'actif de la banque. De même à travers cet accord de crédit, la banque s'engage à honorer tous les paiements qui seront faits à partir du dépôt qu'elle vient ainsi de créer pour son client. Cela constitue un engagement de la banque. C'est pourquoi dans le langage des banquiers, on désigne les prêts sous le vocable d'engagements.

Ainsi pour un montant d'un prêt d'un million à un agent économique non bancaire, la banque commerciale A aura dans son bilan, le prêt en actif et le dépôt au passif pour le montant de 1 000 000 ainsi que le montre le bilan de la banque.

Tableau 8 : bilan de la banque commerciale A après l'octroi d'un prêt

ACTIF	**Montant**	**PASSIF**	**Montant**
Opérations de Trésorerie et Interbancaires		Opérations de Trésorerie et Interbancaires	
Crédits Clientèles	1 000 000	Dépôts Clientèles	1 000 000
Portefeuille Titres (*titres souscrits*)		Portefeuille Titres (*titres émis*)	
Actif immobilisé		Fonds propres	
Total	**1 000 000**	**TOTAL**	**1 000 000**

Avec cette somme, le client de la banque commerciale va procéder à l'acquisition de biens pour lesquels il avait sollicité et obtenu le crédit. Il émet donc des chèques/virements dont les bénéficiaires sont les clients d'une autre banque.

Nous avons donc une situation où la banque A qui avait octroyé le prêt à son client se retrouve à devoir honorer les chèques/virements qui ont été émis par ce dernier à ses fournisseurs domiciliés dans la banque B par exemple.

Les deux banques vont donc se présenter à la Banque Centrale pour la séance de compensation qui consiste pour les banques commerciales et sous la supervision de la Banque Centrale à éteindre leurs dettes respectives. Dans notre cas, la banque A qui a accordé le crédit à son client doit à la banque B où sont domiciliés les fournisseurs de son client, la somme d'un million consécutive aux chèques/virements émis par ce dernier aux clients de la banque B.

C'est ici qu'interviennent les comptes de réserves mentionnés plus haut. Si la banque A a suffisamment de ressources sur son compte de réserves à la Banque Centrale, celle-ci débite ce compte et crédite le compte de la banque B du montant du million. Si la Banque A n'a pas cette somme, elle peut demander à la banque B de la lui prêter. C'est ce qu'on appelle le prêt interbancaire. Si la banque B ne peut lui faire ce prêt, alors la banque A demande à la Banque Centrale de lui avancer ces fonds. Si la Banque Centrale accepte, elle crée pour le compte de la banque A de nouvelles réserves qu'elle met à son crédit pour le montant sollicité d'un million. Elle peut alors faire face à ses engagements vis-à-vis de la banque B. Cette dernière qui a ainsi bénéficié du dépôt créé à partir du crédit fait par la banque A, voit ses possibilités de prêt accrues et peut répondre favorablement aux demandes de financement de ses clients, créant ainsi de la nouvelle monnaie. Ce processus se répète autant de fois que possible entre les différentes banques commerciales actives dans l'économie.

Ainsi avec un crédit initial d'un montant donné, les banques commerciales créent de la monnaie par une succession de crédit et de dépôts.

La création de monnaie par l'achat d'actif financier : Au-delà des prêts, les banques commerciales gèrent leur bilan en investissant dans les titres financiers à court et à long terme qui sont émis soit par les entreprises ou par le gouvernement à travers le trésor public qui est le bras financier de l'État.

Les titres financiers sont des instruments de dette de l'émetteur *(le débiteur)* vis-à-vis du souscripteur (*le créancier)*. Ils stipulent les caractéristiques de la dette, notamment, le taux de rémunération, la durée, les modalités de remboursement, etc. Ces titres peuvent se présenter sous forme de papier ou sous forme dématérialisée. Les titres dématérialisés sont identifiables seulement par une écriture comptable dans les livres de l'émetteur, du souscripteur et du dépositaire central qui est un organisme de comptabilisation des divers titres émis sur un marché financier donné.

Lorsque les banques commerciales achètent les titres financiers, elles créent de la monnaie. La Banque Centrale peut être impliquée directement dans la création monétaire lorsqu'elle achète des titres émis par le trésor public. Si elle avance des fonds au trésor public sans échange de titres du trésor public, on parle alors de création ex nihilo de monnaie par la Banque Centrale ou qu'elle fait fonctionner la « *planche à billets* ».

Les titres financiers sont désignés en fonction de la qualité de l'émetteur et de leur durée. Lorsqu'une entreprise émet un titre à moins de 2 ans, on parle de billets de trésorerie. Quand il s'agit du trésor public pour la même durée, le titre est appelé bon du Trésor. Les titres financiers à plus long terme émis par les entreprises ou par l'État sont désignés sous le vocable d'obligation.

Comme dans le cas du crédit, cette opération d'achat de titres par les banques commerciales donne lieu à la création d'un actif *(le titre en question*) pour la banque et est comptabilisé à l'actif de la banque sous la rubrique « *portefeuille titres* ». Un dépôt est également créé pour l'émetteur du titre et comptabilisé au passif du bilan de la banque dans la rubrique « *dépôts clientèles* ». L'émetteur, muni de ces nouveaux dépôts, commence à régler ses fournisseurs et autres contreparties, ce qui injecte de la liquidité dans l'économie et participe à la création monétaire. Cette opération modifie le bilan de la banque de la manière suivante pour un montant de 1 000 000:

Tableau 9 : bilan de la banque commerciale après l'achat d'un titre

ACTIF	**Montant**	**PASSIF**	**Montant**
Opérations de Trésorerie et Interbancaires		Opérations de Trésorerie et Interbancaires	
Crédits Clientèles		Dépôts Clientèles	1 000 000
Portefeuille Titres (*titres souscrits*)	1 000 000	Portefeuille Titres (*titres émis*)	
Actif immobilisé		Fonds propres	
Total	**1 000 000**	**TOTAL**	**1 000 000**

Cette opération d'achat de titre par la banque a donné lieu à un dépôt supplémentaire de 1 000 000 pour l'émetteur du titre, donc une création de monnaie pour le montant équivalent.

La création de la monnaie par la conversion des devises : Lorsqu'un opérateur économique résident reçoit un paiement en provenance de l'étranger de la part de son client, il domicilie ce paiement dans les livres de sa banque. On dit de cet opérateur qu'il est un exportateur de biens et services. Le paiement reçu est libellé en monnaie étrangère. Il ne peut donc pas utiliser cet argent sur le territoire sur lequel il opère. Sa banque va alors céder cette monnaie étrangère à la Banque Centrale pour obtenir de la monnaie locale. La Banque Centrale va créditer le compte de réserves de la banque commerciale dans ses livres de l'équivalent en monnaie locale de la monnaie étrangère cédée. La banque commerciale va créditer à son tour le compte de son client pour le même montant. Un nouveau dépôt est donc créé dans les livres de la banque commerciale au profit de son client. Ce dernier peut alors émettre des chèques et effectuer des virements au profit de ses contreparties nationales. Cette opération modifie le bilan de la banque commerciale de la manière suivante pour un montant de 1 000 000:

Tableau 10 : bilan de banque commerciale après la conversion des devises

ACTIF	**Montant**	**PASSIF**	**Montant**
Opérations de Trésorerie et Interbancaires	1 000 000	Opérations de Trésorerie et Interbancaires	
Crédits Clientèles		Dépôts Clientèles	1 000 000
Portefeuille Titres (*titres souscrits*)		Portefeuille Titres (*titres émis*)	
Actif immobilisé		Fonds propres	
Total	**1 000 000**	**TOTAL**	**1 000 000**

Le compte « *Opérations de Trésorerie et Interbancaires* » s'est accru de 1 000 000 pour refléter dans les livres de la banque commerciale le crédit sur son compte de réserves à la Banque Centrale pour la monnaie étrangère cédée. Le compte « *Dépôts Clientèles* » augmente de 1 000 000 pour la somme mise à la disposition de l'exportateur. Il y a ainsi création de 1 000 000 supplémentaire à la suite de l'opération d'exportation.

Ce sont ces trois opérations qui créent la monnaie scripturale dans une économie donnée. Elles se déroulent avec l'implication et la supervision active de la Banque Centrale. On parle de « *destruction de monnaie* » à l'occasion d'opérations inverses de celles décrites ci-haut.

Lorsque le client de la banque commerciale rembourse le crédit de 1 000 000 qui lui avait été prêté, il retire ce 1 000 000 du circuit d'échange. L'actif c'est-à-dire le prêt est liquidé de même que le dépôt correspondant. En effet, pour rembourser le prêt, le débiteur ou demandeur de crédit doit reconstituer le dépôt qu'il avait utilisé pour faire ses opérations. Lorsque le montant du dépôt correspond au montant du prêt, il instruit sa banque de l'utiliser pour éteindre sa dette. Ceci modifie le bilan de la banque commerciale de la manière suivante :

<u>Tableau 11 :</u> bilan de la banque commerciale après le remboursement du crédit

ACTIF	**Montant**	**PASSIF**	**Montant**
Opérations de Trésorerie et Interbancaires	0	Opérations de Trésorerie et Interbancaires	
Crédits Clientèles	-1 000 000	Dépôts Clientèles	-10 000 000
Portefeuille Titres (*titres souscrits*)	0	Portefeuille Titres (*titres émis*)	
Actif immobilisé		Fonds propres	
Total	**-1 000 000**	**TOTAL**	**-1 000 000**

Les dépôts et les crédits diminuent simultanément du même montant.

Lorsqu'une banque commerciale émet un titre financier, elle reçoit les liquidités correspondantes de la part des souscripteurs. Cette opération se traduit par un transfert de liquidités du secteur non bancaire qui a acheté le titre au secteur bancaire. Or comme démontré plus haut, la monnaie qui circule dans le système financier ne fait pas partie de la masse monétaire. En effet, cette opération se matérialise par les écritures suivantes. Puisque la banque commerciale a émis un titre, son compte « *portefeuille Titres* » au passif va croitre du montant du titre émis. Puisqu'elle a reçu des liquidités en échange du titre émis, son compte « *Operations de Trésorerie et Interbancaires* », notamment, son compte de réserves à la Banque Centrale sera crédité. Certes, le renforcement du compte de réserves peut amener la banque commerciale à faire de nouveaux crédits ultérieurement. Mais à l'instant où cette opération se déroule, il y a « *destruction* » de monnaie. Le bilan de la banque commerciale se présente de la manière suivante :

Tableau 12 : bilan de la banque commerciale après l'émission d'un titre

ACTIF	**Montant**	**PASSIF**	**Montant**
Opérations de Trésorerie et Interbancaires	1 000 000	Opérations de Trésorerie et Interbancaires	
Crédits Clientèles		Dépôts Clientèles	
Portefeuille Titres (*titres souscrits*)		Portefeuille Titres (*titres émis*)	1 000 000
Actif immobilisé		Fonds propres	
Total	**1 000 000**	**TOTAL**	**1 000 000**

Lorsqu'un agent économique résident veut acheter des biens à l'extérieur du pays *(un importateur des biens et services)*, il remet les liquidités correspondantes à sa banque commerciale pour parfaire cette opération. Pour exécuter l'ordre de son client, la banque commerciale a besoin de la monnaie du pays du fournisseur de l'importateur ou de la monnaie dans laquelle la facture est émise. Seule la Banque Centrale détient ce type de monnaie sur ses comptes à l'internationale. La banque commerciale va donc remettre la monnaie nationale reçue de son client à la Banque Centrale pour avoir la monnaie étrangère nécessaire à l'opération de transfert pour payer le fournisseur étranger.

Ainsi donc, pour réaliser cette opération, l'importateur s'est délesté de son dépôt en monnaie nationale au profit de la banque commerciale. Celle-ci, à son tour, a dû remettre cette somme d'argent à la Banque Centrale qui a exécuté le transfert en puisant dans ses réserves de monnaies étrangères. Ainsi donc, in fine, le compte de dépôt de l'importateur est débité du montant du transfert dans les livres de la banque commerciale. Le compte de réserves de la banque commerciale est débité dans les livres de la Banque Centrale. Toutes ces opérations impactent le bilan de la banque commerciale de la manière suivante pour une transaction portant sur 1 000 000.

Tableau 13 : bilan de la banque commerciale après un transfert à l'étranger

ACTIF	**Montant**	**PASSIF**	**Montant**
Operations de Trésorerie et Interbancaires	-1 000 000	Opérations de Trésorerie et Interbancaires	
Crédits Clientèles		Dépôts Clientèles	-1 000 000
Portefeuille Titres (*titres souscrits)*		Portefeuille Titres *(titres émis)*	
Actif immobilisé		Fonds propres	
Total	**-1 000 000**	**TOTAL**	**-1 000 000**

Il y a donc retrait de la somme de 1 000 000 du circuit d'échange du pays au profit de l'étranger. Il y a donc « *destruction* » de monnaie.

Ainsi donc les banques commerciales jouent un grand rôle dans la création et la destruction de la monnaie.

La configuration de la masse monétaire aussi dépend fortement de la sophistication des banques commerciales. Les graphiques 1 et 2 suivants dépeignent la répartition de la masse monétaire dans la zone Euro et dans l'Union monétaire ouest-africaine (UMOA).

Graphique 1 : répartition de la masse monétaire dans la zone Euro.

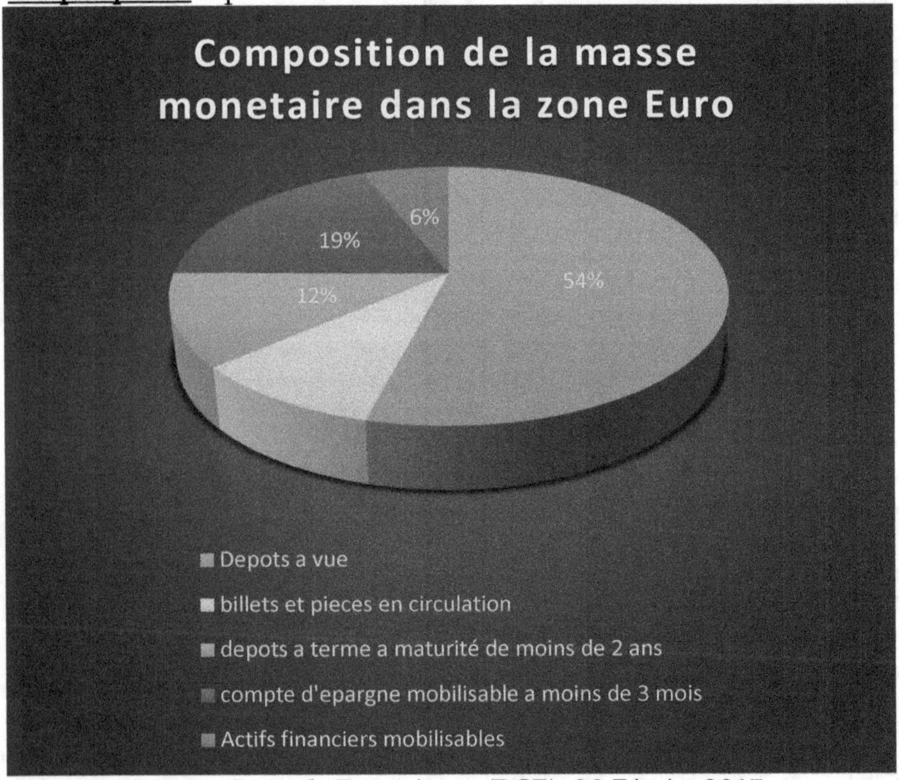

Source: Banque Centrale Européenne (BCE); 28 Février 2017

Graphique 2 : répartition de la masse monétaire dans l'UMOA (union monétaire ouest-africaine)

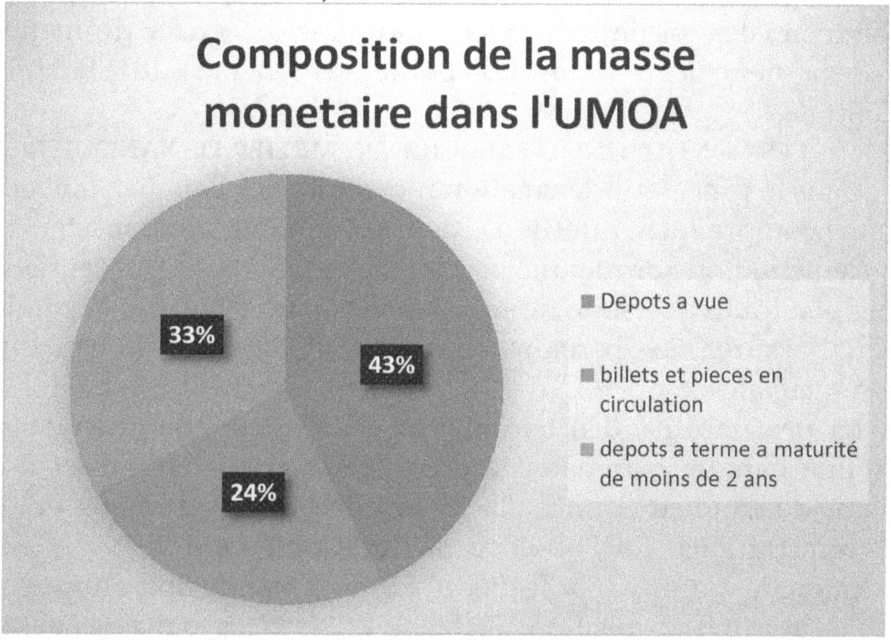

Source : Banque Centrale des états de l'Afrique de l'Ouest (BCEAO); décembre 2016.

Dans les pays occidentaux avec un grand réseau de banques commerciales et une architecture du secteur financier très moderne, la monnaie créée par les banques commerciales, c'est-à-dire la monnaie scripturale constitue en moyenne 90 % de la masse monétaire alors qu'elle ressort à environ 76 % en Afrique de l'ouest francophone. La monnaie fiduciaire compte pour 9 % et 24 % respectivement dans ces deux zones monétaires.

Bien que les banques commerciales aient le pouvoir de création monétaire comme on vient de le voir, cela n'est toutefois pas sans limites. Il y a deux contraintes majeures au pouvoir de création monétaire des banques commerciales. Ce sont premièrement les conditions d'exercice du métier de banquier *(profitabilité et conditions prudentielles)* et deuxièmement, les objectifs de politique monétaire de la Banque Centrale.

d) LES CONTRAINTES A LA CRÉATION DE MONNAIE

Le pouvoir de création monétaire par les banques commerciales est limité par les conditions d'exercice du métier de banquier et les objectifs de la politique monétaire de la Banque Centrale.

LES CONDITIONS D'EXERCICE DU MÉTIER DE BANQUIER.

Dans le processus de création monétaire, les banques doivent tenir compte des questions de profitabilité et respecter la réglementation prudentielle. La réglementation prudentielle englobe toute une série de règles prises par la Banque Centrale pour assurer la pérennité et la solvabilité des banques commerciales.

La profitabilité des banques : La première condition pour qu'une banque commerciale accorde un crédit est l'existence d'une demande exprimée par les entreprises, les ménages et les administrations. En l'absence de cette demande, il n'y a pas création de monnaie par le crédit. Cette demande doit s'appuyer sur le désir d'acquisition de biens et services par ces agents économiques en question. En effet, on fait une demande de crédit pour acheter un bien ou un service. Ces biens et services sont, soit produits localement soit importés. C'est pourquoi la masse monétaire en circulation doit correspondre au volume des biens et services produits ou importés dans le pays.

Lorsque la demande est ainsi exprimée, il revient à la banque commerciale de juger de la solvabilité du demandeur de crédit et s'assurer qu'il a les capacités actuelles et futures pour rembourser les sommes qui lui seront prêtées. C'est l'analyse du risque de contrepartie. Il existe une pléthore de mécanismes d'évaluation des risques à la disposition des banques. Mais globalement la démarche est la suivante :

- ✓ La banque étudie les comptes et toutes sortes de documents financiers des entreprises, les fiches de salaires et des divers revenus des ménages, et le budget de l'État. Elle passe au peigne fin la capacité de l'emprunteur à générer du cash aujourd'hui et demain afin de rembourser le crédit. Ceci constitue le premier niveau d'analyse ;

✓ Le deuxième niveau consiste à demander des garanties au candidat au crédit. En effet, si ce dernier devient insolvable, la banque pourrait alors se saisir de cette garantie et la vendre pour assurer le remboursement du crédit. C'est la raison principale qui amène les banques à demander généralement une garantie, à moins que le demandeur de crédit ne présente une situation financière exceptionnellement parfaite.

Si la banque est satisfaite du risque que présente sa contrepartie, elle doit s'assurer maintenant que le gain qu'elle obtiendra de ce prêt est supérieur à ses charges de fonctionnement combinées au coût qu'elle aura à supporter pour lever les fonds à mettre à la disposition du demandeur de crédit. Si ce coût ainsi que les charges de fonctionnement sont supérieurs au taux de facturation du crédit *(taux d'intérêt),* alors la banque ne fera pas le crédit et ne créera pas de la monnaie. En effet, et comme précédemment exposé, même si au moment où la banque accorde le prêt, elle n'est pas obligée d'avoir les ressources nécessaires pour financer ce crédit, elle devra les trouver tôt ou tard d'une manière ou d'une autre. Elle peut les trouver soit sur le marché interbancaire auprès des autres banques ou de la Banque Centrale, soit auprès du public des épargnants. Dans tous ces cas, l'argent que la banque va lever à un coût. Il faut que ce coût soit nécessairement inférieur au prix qu'elle va facturer au demandeur du crédit pour que l'opération soit rentable pour elle. Si tel n'est pas le cas, il n'y aura pas crédit et donc pas de création de monnaie.

La règlementation prudentielle : Étant donné le rôle crucial des banques commerciales dans l'octroi des crédits et la création monétaire, les pouvoirs publics, à travers la Banque Centrale et son bras spécialisé, la commission bancaire, exercent une surveillance rapprochée sur leurs activités. Cette surveillance est matérialisée par le contrôle du respect de la règlementation prudentielle qui est imposée aux banques commerciales.

L'idée générale de la réglementation prudentielle est de faire en sorte que les banques commerciales soient solvables en tout temps et en tout lieu et ne prennent pas des risques inconsidérés.

Plusieurs règles sont alors édictées par la Banque Centrale dont l'ensemble constitue le dispositif prudentiel ou la réglementation prudentielle. Celles qui ont un impact plus important sur l'activité de distribution du crédit par les banques commerciales sont les ratios de solvabilité et de liquidité.

La solvabilité d'une banque signifie que celle-ci doit pouvoir disposer à tout moment de ressources en propre *(les fonds apportés par les actionnaires de la banque et les bénéfices non distribués)*, autres que ceux déposés par les épargnants pour faire face aux désirs de retraits à la caisse ou de virements exprimés par les agents économiques auxquels elle a fait des prêts ou tout simplement ceux qui y ont déposé leur épargne.

Pour mesurer cette solvabilité, un ratio a été créé et qui compare les fonds propres *(au numérateur)* à l'ensemble des crédits accordés par la banque *(au dénominateur)* affectés d'une pondération qui varie avec la qualité de la contrepartie. Ce ratio doit être égal au moins à 8 %. Cela signifie que pour accorder un crédit de 100, la banque doit disposer en fonds propres de la somme de 8. En d'autres termes, si les actionnaires de la banque ont apporté 8 à sa création, elle a la possibilité de créer un volume de crédits égal à 12,5 fois la mise initiale de 8, soit 100 de crédit. C'est le montant maximum de crédit que la banque peut accorder et ne doit pas le dépasser. Ainsi ce ratio de solvabilité limite par un montant bien précis, le niveau de crédit que la banque peut accorder et par conséquent restreint sa possibilité de création monétaire.

Un autre ratio qui limite le pouvoir de crédit des banques commerciales est le ratio de liquidité. Il vise à s'assurer que les ressources liquides de la banque *(dépôts à vue de la clientèle)* et les autres actifs financiers de grande qualité qu'elle peut rapidement mobiliser *(vendre)* pour obtenir de la liquidité sont au moins égaux aux sorties d'argent qui pourraient advenir en cas de crise financière ou pour faire face à des situations imprévues *(appels de garantie, retraits massifs des épargnants, retraits de bénéficiaires de crédit, perte des possibilités de refinancement sur le marché, etc.)* sur une période d'un mois.

Si le montant calculé des sorties d'argent d'urgence est calculé à 100, la banque doit s'assurer qu'elle a au moins 100 de liquidités et/ou de titres financiers *(bons du Trésor, ou autres actifs de très grande qualité)* pour faire face à cette sortie de fonds. Cette règle limite la capacité de distribution de crédit et de création monétaire par les banques. La commission bancaire est chargée de faire respecter ces dispositions. A cet égard elle exécute des missions de contrôle au sein des banques commerciales et dispose des pouvoirs de sanction contre celles qui ne respecteraient pas cette règlementation.

Les principaux acquis relativement à la création monétaire sont les suivants :

- ✓ Ce sont les banques commerciales qui, par leur pouvoir de crédit, créent la monnaie. Cette création monétaire intervient aussi lors d'achat par les banques de titres financiers émis par les entreprises et l'Etat, ainsi qu'à la conversion de devises ;
- ✓ L'inverse de ces opérations contribue à réduire la masse monétaire en circulation;
- ✓ La Banque Centrale fait imprimer les billets et pièces pour satisfaire la demande des agents économiques bénéficiaires de crédit ou de dépôts en banques ;
- ✓ La masse monétaire est composée de deux sous-groupes de monnaie. La monnaie scripturale et la monnaie fiduciaire. Cette masse monétaire constitue une créance des agents économiques non bancaires résidents sur le système financier et sert à acheter des biens et services ;
- ✓ La création de monnaie par les banques commerciales est assujettie à plusieurs facteurs, notamment l'existence d'une demande solvable, la profitabilité des opérations bancaires, la réglementation prudentielle et la politique monétaire de la Banque Centrale.

Si la Banque Centrale ne crée pas directement toute la masse monétaire, son action influe fortement sur le processus de créations monétaire des banques commerciales. En fait elle détient les clés de la création monétaire.

e) LES INSTRUMENTS DE TRANSMISSION DES OBJECTIFS DE LA POLITIQUE MONÉTAIRE DE LA BANQUE CENTRALE

Il a été nécessaire de bien connaitre toutes les ramifications et les interrelations entre les opérateurs économiques qui interviennent dans le processus de création monétaire afin de bien comprendre la politique monétaire et ses mécanismes de transmission pour atteindre les résultats macroéconomiques souhaités.

La Banque Centrale dispose généralement de quatre instruments pour conduire la politique monétaire. Tout comme la politique fiscale, la politique monétaire est mise en œuvre pour aider à juguler une situation de récession ou au contraire une situation de croissance mal maîtrisée. La direction de la politique monétaire dépend de la situation économique dans laquelle le pays se trouve. Les instruments de la politique monétaire sont :

- ✓ Les opérations d'open-market ;
- ✓ Les facilités permanentes ;
- ✓ Les réserves obligatoires ;
- ✓ Les programmes d'achats d'actifs.

Avant de décrire en détail le processus de mise en œuvre de ces instruments, il est bon de se familiariser avec le bilan de la Banque Centrale. En effet, ce bilan sera impacté au fur et à mesure que ces opérations sont exécutées.

Le bilan de la Banque Centrale est bâti comme celui d'une banque commerciale. Seule la nature des opérations change. On aura ainsi à l'actif, les avoirs et au passif, les engagements.

Tableau 14 : bilan simplifié d'une Banque Centrale

ACTIF	PASSIF
Avoirs et créances en or	**Billets et pièces en circulation**
Créances en devises *(résidents et non-résidents)*	**Engagements en monnaie locale** *(opérations liées à la politique monétaire, autres engagements ; dépôts des banques commerciales et assimilés)*
Créances en monnaie locale *(avances aux banques liées à la politique monétaire, autres créances)*	**Engagements en devises** *(résidents et non-résidents)*
Portefeuille titres *(titres acquis auprès des banques liés à la politique monétaire, titres sur l'État)*	**Contrepartie des droits de tirage spéciaux alloués par le FMI**
Actif immobilisé (buildings, cautionnement, etc.,)	**Capital et réserves**

Les opérations d'open-market : Il s'agit tout simplement d'une méthode utilisée par la Banque Centrale pour accroître ou réduire les réserves à la disposition des banques commerciales en achetant ou en vendant des titres financiers émis par un débiteur d'excellente signature *(qui rembourse régulièrement ses dettes)*. En effet, la Banque Centrale n'achèterait ces titres que s'ils sont émis par des acteurs économiques qui bénéficient d'une excellente notation et qui présentent une faible probabilité de défaut. A cet égard, la Banque Centrale dresse une liste des émetteurs dont les titres sont admis aux opérations d'open-market.

Cet exercice permet d'augmenter ou de baisser la capacité des banques commerciales à faire du crédit.

Quelle est la logique de cette méthode ? Comme déjà expliqué, une banque n'est pas obligée d'avoir préalablement les fonds nécessaires au moment où elle fait du crédit. Cependant lorsque l'agent économique qui a bénéficié de ce crédit émet des chèques au profit d'un autre agent économique qui a un compte dans une autre banque, la banque qui a fait le crédit doit honorer *(payer)* le chèque ainsi émis.

Les deux banques vont se retrouver à la Banque Centrale qui est l'arbitre du match qui va se dérouler entre les deux banques commerciales. La banque sur qui le chèque est émis doit le payer à tout prix. Si son compte à la Banque Centrale a suffisamment de fonds, alors elle honore le chèque sans problème. Si son compte n'a pas les réserves nécessaires et qu'elle ne peut en trouver auprès des autres banques, alors elle sollicite une avance auprès de la Banque Centrale. Cette dernière lui octroie les réserves nécessaires pour payer le chèque, ce qui permet de boucler l'opération. Mais la Banque Centrale ne fait pas de crédit en blanc. Elle va réclamer à la banque commerciale qui sollicite les réserves de lui remettre en échange un titre financier de bonne signature.

Ce type d'opération entre la Banque Centrale et les banques commerciales sont monnaie courante et se chiffrent en des sommes énormes. Ainsi pour fluidifier le système, la Banque Centrale organise-t-elle régulièrement des séances de ventes et d'achats de titres financiers. Lorsqu'elle vend les titres financiers, elle obtient en échange des liquidités de la part des banques commerciales. Elle réduit donc les réserves disponibles et par conséquent les possibilités de crédit et de création monétaire. Lorsqu'elle achète des titres, elle met des fonds à la disposition des banques commerciales, accroissant ainsi leur capacité de crédit et de création de monétaire. Ce sont ces sessions d'achat et de vente de titres financiers qu'on appelle les opérations d'open-market.

Si la Banque Centrale achète un titre et remet les liquidités correspondantes à la banque commerciale, les bilans de la Banque Centrale et de la banque commerciale seront impactés de la manière suivante pour une transaction de 1000 000.

Tableau 15 : bilan de la Banque Centrale après l'achat d'un titre

ACTIF	Montant	PASSIF	Montant
Avoirs et créances en or		Billets et pièces en circulation	
Créances en devises		Engagements en monnaie locale	1 000 000
Créances en monnaie locale		Engagements en devises	
Portefeuille titres	1 000 000	Contrepartie des droits de tirage spéciaux alloués par le FMI	
Actif immobilisé		Capital et réserves	
Total	**1 000 000**	**TOTAL**	**1 000 000**

En achetant un titre pour une valeur de 1 000 000, la Banque Centrale voit son compte « *Portefeuille titres* » et son compte « *Engagements en monnaie locale* » augmenté de ce montant. Le compte *Engagements en monnaie locale* augmente parce que la Banque Centrale crédite dans ses livres, le compte de la banque commerciale qui a vendu les titres. Son compte de réserves s'en trouve modifié d'autant.

L'achat du titre de 1 000 000 par la Banque Centrale est reflété dans le bilan de la banque commerciale de la manière suivante :

Tableau 16 : bilan de la banque commerciale après la vente d'un titre

ACTIF	Montant	PASSIF	Montant
Opérations de Trésorerie et Interbancaires	1 000 000	Opérations de Trésorerie et Interbancaires	
Crédits Clientèles		Dépôts Clientèles	
Portefeuille Titres *(titres souscrits)*	-1 000 000	Portefeuille Titres *(titres émis)*	
Actif immobilisé		Fonds propres	
Total	0	**TOTAL**	0

Le compte *Portefeuille titres* baisse de 1 000 000 quand le compte *Operations de Trésorerie et Interbancaires* à l'actif enregistre une hausse du même montant.

Si la Banque Centrale vend un titre à la banque commerciale, les bilans des deux institutions sont impactés de la manière suivante.

Tableau 17 : bilan de la Banque Centrale après la vente d'un titre

ACTIF	Montant	PASSIF	Montant
Avoirs et créances en or		Billets et pièces en circulation	
Créances en devises		Engagements en monnaie locale	-1 000 000
Créances en monnaie locale		Engagements en devises	
Portefeuille titres	-1 000 000	Contrepartie des droits de tirage spéciaux alloués par le FMI	
Actif immobilisé		Capital et réserves	
Total	**-1 000 000**	**TOTAL**	**-1 000 000**

Le compte *Portefeuille titres* est diminué du montant de l'opération de même que le compte *Engagements en monnaie locale*. En effet, lorsque la Banque Centrale vend le titre, elle débite le compte de réserves de la banque commerciale qui a acheté le titre du montant de la transaction, ce qui réduit ses engagements en monnaie locale vis-à-vis de cette banque.

Tableau 18 : bilan de la banque commerciale après l'achat du titre

ACTIF	Montant	PASSIF	Montant
Operations de Trésorerie et Interbancaires	-1 000 000	Opérations de Trésorerie et Interbancaires	
Crédits Clientèles		Dépôts Clientèles	
Portefeuille Titres *(titres souscrits)*	1 000 000	Portefeuille Titres *(titres émis)*	
Actif immobilisé		Fonds propres	
Total	0	**TOTAL**	0

La banque commerciale qui a acheté le titre vendu par la Banque Centrale voit son compte *Portefeuille titres* augmenté du montant de la transaction quand son compte *Operations de Trésorerie et Interbancaires* baisse du même montant. En effet, lors de la cession du titre, la Banque Centrale débite le compte de réserves de la banque commerciale qui s'en est portée acquéreur. Ce débit est reflété dans le bilan de la banque commerciale par une réduction de son compte *Operations de Trésorerie et Interbancaires.*

Les facilités permanentes : Il s'agit tout simplement d'opérations ordinaires de financement par appel d'offres *(on parle de refinancement dans le langage bancaire)* des banques commerciales par la Banque Centrale moyennant des garanties *(titres financiers ou encours de crédit sains, c'est-à-dire les prêts accordés par les banques commerciales à leurs meilleurs clients)* à un taux d'intérêt fixé par la Banque Centrale. Les facilités permanentes sont deux ordres. Les facilités remboursables sur une semaine et celles qui se dénouent en 24 heures. Les facilités hebdomadaires sont facturées au taux de refinancement et les opérations journalières au taux de prêt marginal. Ce sont ces taux qu'on appelle les taux directeurs de la Banque Centrale. La Banque Centrale fixe le taux minimum auquel les banques peuvent soumissionner pour bénéficier de ces prêts. Le taux de refinancement est le principal taux directeur.

Plus ce taux payé par les banques commerciales est élevé, plus le taux facturé aux clients par ces banques sera lui aussi élevé. Ce qui entraîne un accroissement du coût du crédit bancaire, une baisse de la demande de crédit et donc une baisse de la création monétaire. Les effets inverses seront observés si le taux facturé par la Banque Centrale aux banques commerciales est faible. Dans ce cas-ci, ce sera un encouragement à la création monétaire.

Pour un prêt de 1 000 000 de la Banque Centrale à la banque commerciale, les bilans seront affectés de la manière suivante.

Tableau 19 : bilan de la Banque Centrale après un prêt à la banque commerciale

ACTIF	Montant	PASSIF	Montant
Avoirs et créances en or		Billets et pièces en circulation	
Créances en devises		Engagements en monnaie locale	1 000 000
Créances en monnaie locale	1 000 000	Engagements en devises	
Portefeuille titres		Contrepartie des droits de tirage spéciaux alloués par le FMI	
Actif		Capital et réserves	
Total	**1 000 000**	**TOTAL**	**1 000 000**

Les comptes *Créances en monnaie locale et Engagements en monnaie locale* augmentent simultanément de 1 000 000.

Tableau 20 : bilan de la banque commerciale après un emprunt à la Banque Centrale

ACTIF	Montant	PASSIF	Montant
Opérations de Trésorerie et Interbancaires	1 000 000	Opérations de Trésorerie et Interbancaires	1 000 000
Crédits Clientèles		Dépôts Clientèles	
Portefeuille Titres		Portefeuille Titres	
Actif immobilisé		Fonds propres	
Total	**1 000 000**	**TOTAL**	**1 000 000**

Les comptes *Opérations de trésorerie et Interbancaires* croissent simultanément à l'actif *(accroissement des réserves à la Banque Centrale)* et au passif *(accroissement des emprunts à la Banque Centrale)* de 1 000 000.

Lorsque l'avance de 1 000 000 faite par la Banque Centrale est remboursée par la banque commerciale, les bilans des deux institutions sont impactés de la manière suivante.

Tableau 21 : bilan de la Banque Centrale après le remboursement du prêt par la banque commerciale

ACTIF	Montant	PASSIF	Montant
Avoirs et créances en or		Billets et pièces en circulation	
Créances en devises		Engagements en monnaie locale	-1 000 000
Créances en monnaie locale	-1 000 000	Engagements en devises	
Portefeuille titres		Contrepartie des droits de tirage spéciaux alloués par le FMI	
Actif		Capital et réserves	
Total	**-1 000 000**	**TOTAL**	**-1 000 000**

Les comptes *Créances en monnaie locale et Engagements en monnaie locale* diminuent du montant de la transaction.

Tableau 22 : bilan de la banque commerciale après le remboursement du prêt de la Banque Centrale

ACTIF	Montant	PASSIF	Montant
Operations de Trésorerie et Interbancaires	-1 000 000	Operations de Trésorerie et Interbancaires	-1 000 000
Crédits Clientèles		Dépôts Clientèles	
Portefeuille Titres		Portefeuille Titres	
Actif immobilisé		Fonds propres	
Total	**-1 000 000**	**TOTAL**	**-1 000 000**

Les comptes *Opérations de trésorerie et Interbancaires* baissent simultanément à l'actif *(réduction des réserves à la Banque Centrale)* et au passif (*réduction des emprunts à la Banque Centrale)* de 1 000 000.

Les réserves obligatoires : Les réserves obligatoires constituent une partie des dépôts reçus par les banques commerciales et qu'elles ne peuvent utiliser pour faire des crédits à leurs clients. En fonction de sa stratégie d'encouragement ou de restriction de la création de monnaie par l'octroi de crédit, la Banque Centrale modifiera le taux de réserve obligatoire.

Si le taux de réserve obligatoire est de 10 %, et qu'une banque commerciale reçoit un dépôt de 100 ou un crédit sur son compte de réserves de ce montant, cette banque ne pourra utiliser que 90 % des sommes reçues pour effectuer des opérations de crédit.

Cette restriction ampute les banques commerciales des fonds à leur disposition et les oblige à recourir aux opérations d'open-market et aux facilités permanentes pour leurs opérations de crédit. Ceci accroît l'influence de la Banque Centrale sur leur politique de crédit.

Les programmes d'achats d'actifs : Les programmes d'achat d'actifs ou « *quantitative easing* » en anglais est une sorte d'opération d'open-market ouverte au grand public. C'est la journée porte ouverte pour l'accroissement de la masse monétaire. En ce sens, c'est une politique de dernier recours quand toutes les autres décrites ci-dessus n'ont pas produit les effets recherchés. En effet, la Banque Centrale étend sa politique d'achat de titres financiers à tous les détenteurs de ces titres et non plus seulement aux banques commerciales.

Dans le cadre de ce programme, une compagnie d'assurance qui possède des titres financiers peut les vendre à la Banque Centrale, en échange de liquidités. Bien entendu ces liquidités passent par l'intermédiaire d'une banque commerciale qui voit ainsi ses dépôts augmentés. Cette stratégie permet, par conséquent, de décupler les réserves des banques commerciales à la Banque Centrale et d'accroître de manière significative leur faculté d'octroi de crédit. En période de programme d'achat d'actifs, les taux débiteurs facturés par les banques commerciales à leurs clients se rapprochent de zéro, tellement il y a d'argent à prêter. C'est une stratégie volontariste pour booster l'économie dans une situation de croissance ralentie avec un taux d'inflation très bas en deçà du seuil acceptable par la Banque Centrale.

L'ensemble de ces quatre stratégies forme la politique monétaire de la Banque Centrale. Ces outils sont à sa disposition pour orienter l'économie nationale pour le bonheur des populations.

En cas de récession, quand la production est faible, le chômage grimpe, les revenus baissent, la Banque Centrale appliquera une politique monétaire expansive *(elle achètera des titres financiers, baissera le taux directeur et le taux de réserves obligatoires et appliquera si nécessaire un programme d'achat d'actifs)* pour relancer la machine économique du pays.

Dans le cas d'une croissance mal maîtrisée avec une forte inflation à même de réduire à néant les effets de cette croissance, la Banque Centrale appliquera une politique monétaire restrictive *(vendra des titres financiers, augmentera le taux directeur et le taux de réserves obligatoires et ne lancera pas de programmes d'achat d'actifs).*

Ainsi, on le voit, la lutte de la Banque Centrale contre l'inflation vise à maintenir une croissance économique ordonnée et durable.

K.4. L'INFLATION EXPLIQUÉE

L'inflation est au centre des politiques économiques. Que recouvre ce concept ? Quels sont ses causes et ses effets ?

a) LA DÉFINITION DE L'INFLATION

L'inflation est l'augmentation durable du niveau général des prix. D'une période à une autre (*mois, année, etc.*), les organismes spécialisés du pays *(les instituts de statistiques)* calculent la variation du niveau des prix et c'est cette variation qu'on appelle le taux d'inflation. Si dans un pays donné, le niveau des prix en 2017 est de 100 et que ce niveau passe à 130 en 2018, il y a une variation des prix de 30 qui est reflété par le taux d'inflation de 30 %. Le taux d'inflation dans ce pays est 30 % en 2018.

Pour définir le niveau général des prix, il faut additionner les prix des différents produits et services qui sont utilisés par le consommateur typique dans un pays. Cette sélection est faite par les instituts de statistique (*après enquêtes auprès des ménages*) en fonction des goûts et des habitudes de consommation observés dans le pays en question. C'est le panier de consommation du pays.

A chacun de ces produits, on affecte un coefficient déterminé en fonction de la part qu'il occupe dans la répartition des revenus du consommateur *(les coefficients sont déterminés également lors des enquêtes auprès des ménages sur leurs revenus)*.

On fait la moyenne pondérée du coût de ces produits et on obtient le niveau général des prix de l'année. La moyenne pondérée signifie qu'on additionne les différents coûts des produits multipliés chacun par son coefficient, le tout divisé par la somme des produits.

On prend l'exemple suivant pour illustrer ce cas. Supposons qu'en 2018, dans un pays donné, les consommateurs achètent 10 ordinateurs pour 100 l'unité. Ils achètent aussi 40 voitures pour 200 l'unité. Le niveau général des prix dans ce pays est 180 soit, (10 x 100+40x200) /50.

Ce prix de 180 est l'indice du prix à la consommation *(IPC)* pour 2018 qui représente le niveau général des prix. C'est le prix moyen des biens et services dans le pays en 2018. Ce calcul est fait chaque année *(souvent au mois le mois)* et il est comparé à celui de l'année précédente pour définir le taux d'inflation d'année en année. La comparaison est aussi établie avec le prix d'une année de référence. Si on établit l'année 2010 par exemple comme la référence avec un indice de prix de 100, et que l'indice de 2018 de 180, et que l'on divise l'indice de 2018 par l'indice de référence de 2010, on trouve 1,80. Cela revient à dire que le prix du même produit en 2018 est 1,8 supérieur au prix de 2010.

La composition du panier de consommation diffère selon les pays mais on peut répertorier les produits et services dans les grandes catégories suivantes :

- ✓ Alimentation et boisson non alcoolisée ;
- ✓ Boisson alcoolisée et tabac ;

- ✓ Habillement et chaussure ;
- ✓ Logement, eau et électricité ;
- ✓ Meuble et équipement ;
- ✓ Santé ;
- ✓ Transport ;
- ✓ Communication ;
- ✓ Loisir et culture ;
- ✓ Enseignement ;
- ✓ Hôtel et restaurant ;
- ✓ Biens et services divers.

b) LES CAUSES DE L'INFLATION

L'inflation a plusieurs sources qui proviennent du déséquilibre entre l'offre et la demande des biens et services. En effet, dans une économie donnée, les prix sont déterminés par l'équilibre de l'offre et de la demande. Ainsi pour que le prix d'un bien ou d'un service monte, il faut un des scénarios suivants :

- ✓ La demande pour le bien et/ou service est en hausse ;
- ✓ L'offre du bien ou du service diminue ou ne progresse pas.

On peut donc retracer les causes de l'inflation, soit par la demande, soit par l'offre.

L'inflation par la demande : Plusieurs situations peuvent causer l'inflation par la demande.

- ✓ La politique fiscale expansive : Le gouvernement dépense beaucoup, engendre des déficits financés par de la dette ;
- ✓ La politique monétaire expansive : Injection de fortes liquidités dans l'économie à travers les opérations d'open-market, réduction des réserves obligations, baisse des taux directeurs, recours à des pratiques non orthodoxes comme la planche à billets ;
- ✓ L'importation des biens aux prix élevés : notamment, les matières premières vitales comme le pétrole, les aliments et autres biens de première nécessité *(médicaments, etc.)*.

Dans les deux premiers cas cités, l'économie est stimulée et en pleine expansion. Il est facile de trouver de l'emploi, les salaires augmentent. La demande des biens et services croît fortement. Les entreprises qui sont sollicitées par les consommateurs et désireuses de capitaliser sur cette situation augmentent les prix qui s'envolent. Ce type d'inflation est observé dans les pays qui ont atteint le maximum de leurs capacités de production et qui ne peuvent pas à court terme répondre au surcroit de la demande *(pays industrialisés)*. Ce scénario peut aussi advenir dans les pays pauvres où le système de production est obsolète, inefficient et ne peut répondre immédiatement à la nouvelle demande boostée par les politiques économiques expansives.

Le troisième élément constitue ce qu'il convient d'appeler un choc extérieur qui s'impose à l'économie nationale du fait de la nécessité d'importer ces biens pour satisfaire la demande exprimée dans le pays.

L'inflation par l'offre : On peut citer les situations suivantes :

✓ Les coûts des facteurs de production : les entreprises répercutent sur leurs prix de vente, la hausse des facteurs de production *(salaires, électricité, eau, intrants divers, etc.)* ;

✓ La hausse des taxes et autres impôts : Les entreprises vont faire passer ces charges aux consommateurs finaux ;

✓ Les chasses gardées : Les entreprises qui occupent des situations de monopoles et/ou qui dominent de manière outrancière un secteur économique donné auront tendance à augmenter les prix de manière continue ;

✓ La corruption qui alourdit le coût de production qui est également passé au consommateur final.

c) LES EFFETS DE L'INFLATION

L'inflation est la principale cause de la perte du pouvoir d'achat pour les ménages et joue un rôle primordial dans la baisse du profit pour les entreprises.

L'inflation et les ménages : La hausse des prix se traduit par une baisse du pouvoir d'achat. En effet, en l'absence d'une augmentation identique des revenus *(salaires en particulier)*, le ménage subit de plein fouet la hausse du prix des biens et services. Cette perte aussi se perçoit aussi au niveau des placements. Si le taux de rémunération du compte d'épargne du ménage est de 4 % par exemple et que le taux d'inflation est de

5 %, le taux réel de rémunération est négatif et ressort à moins 1 %.

Devant cette situation, le ménage tentera de minimiser l'impact de la baisse de son pouvoir d'achat en dédiant tous ses revenus à la consommation *(attendre conduirait à effriter davantage le pouvoir d'achat)*. Ces nouveaux achats vont contribuer à augmenter les prix et la spirale inflationniste va s'auto entretenir.

A partir du moment où les revenus d'épargne ou d'investissements sont érodés par le taux d'inflation, le ménage n'investit plus. Les produits bancaires de placements et les autres produits financiers ne trouvent plus preneurs et les marchés financiers s'enlisent. Les ménages nationaux et internationaux n'investissent plus dans le pays puisque les taux de rémunération réels sont à la baisse.

L'inflation et le niveau général des emplois : L'inflation induit la hausse des coûts de production. Le salarié réclame une hausse de salaire pour pallier à la baisse de son pouvoir d'achat. Il en est de même pour tous les fournisseurs des entreprises qui cherchent aussi à se prémunir contre la baisse de leur pouvoir d'achat en augmentant les prix de leurs prestations. En conséquence, les profits de l'entreprise baissent. Dans ces conditions, les embauches sont gelées, les entreprises licencient en masse pour tenter de préserver leur marge bénéficiaire dans la mesure du possible pour éviter la faillite.

L'inflation et le commerce extérieur : Au niveau des échanges extérieurs du pays, l'inflation induit la hausse des prix des produits locaux (*ce qui cause la baisse des exportations)* et la baisse des prix des produits importés (*les importations augmentent)*, ce qui se traduit par la détérioration de la balance commerciale *(exportations moins importations)* et du taux de change de la monnaie nationale *(moins de gens demandent la monnaie nationale, d'où la baisse de son prix)*.

De manière générale, en période d'inflation, les agrégats qui composent l'équation de la croissance économique évoluent à la baisse.

Y (revenu ou PIB) = C (*consommation des ménages*) + I (*investissements globaux*) + G (*dépenses du gouvernement*) + X (*exportations*)-M (*importations*)

✓ C baisse à cause de la baisse du pouvoir d'achat ;

✓ I baisse à cause de la baisse des profits et des recettes fiscales ;

✓ G baisse car il y a moins d'impôts à collecter ;

✓ X baisse et M monte.

<u>Graphique 4</u> : scénario de l'inflation

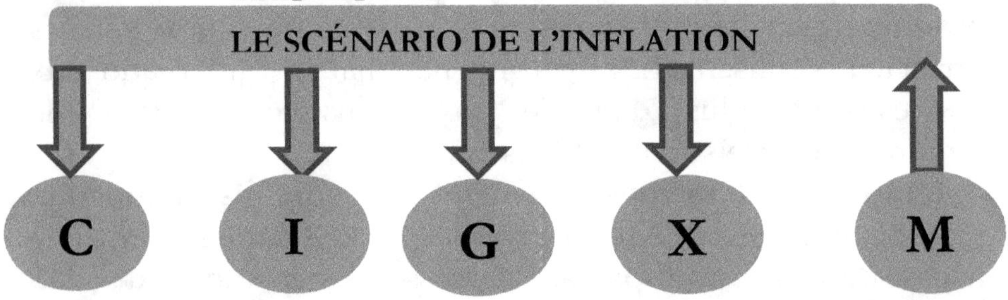

L'inflation impacte négativement l'économie. C'est pourquoi les pouvoirs publics se doivent de la maîtriser. Il est vrai qu'il est très difficile de contrer ce phénomène. Mais là réside tout l'art de la gestion des finances publiques. Le gestionnaire de l'inflation ressemble au conducteur d'une automobile à l'arrêt à un feu rouge sur une pente ascendante. Il faut manier à la fois le frein et l'accélérateur pour ni redescendre trop brutalement, ni remonter trop vite.

Il y a aura toujours de l'inflation. C'est pourquoi chaque économie détermine le niveau d'inflation qui lui semble convenable et utilise les instruments de la politique monétaire pour la contenir au niveau jugé acceptable. Dans tous les cas, il faut faire en sorte que le taux d'inflation soit inférieur au taux de croissance économique.

K.5. LA DÉFLATION ET LA STAGFLATION EXPLIQUÉES

Avec l'inflation, existent aussi des notions voisines, qui agissent sur l'économie et le pouvoir d'achat. C'est ainsi qu'on parle souvent de déflation et stagflation. Que recouvrent ces termes. ?

a) LA DÉFLATION

La déflation se traduit par une diminution générale et durable des prix. C'est donc l'inverse de l'inflation.

La baisse des prix est à priori une bonne nouvelle par les ménages puisqu'elle leur procure un gain de pouvoir d'achat. Malheureusement cela ne peut durer longtemps car la dynamique dans l'économie est la suivante :

- ✓ Les consommateurs anticipent une baisse continue des prix et remettent plus tard leurs décisions d'achat, ce qui contribue à faire baisser la demande ;
- ✓ Les entreprises voient leurs stocks s'accumuler et perdre de la valeur. Elles lancent les grandes opérations de déstockage ;
- ✓ Cela grignote fortement sur les marges et les pertes s'accumulent ;
- ✓ Les pertes alourdissent l'ardoise de la dette aux banques qui rechignent à prêter à nouveau et les investissements diminuent;
- ✓ Les entreprises licencient pour tenter de sauver leur marge dans la mesure du possible ;
- ✓ La baisse des embauches et les licenciements viennent éroder le pouvoir d'achat des ménages.

Ainsi la situation qui paraissait si bonne au départ, n'en est plus une en réalité. Les avantages de la déflation s'effritent vite pour baliser le chemin de la récession qui entraîne la baisse du PIB, le chômage et la baisse des revenus. C'est un cercle vicieux.

Graphique 5 : scénario de la déflation

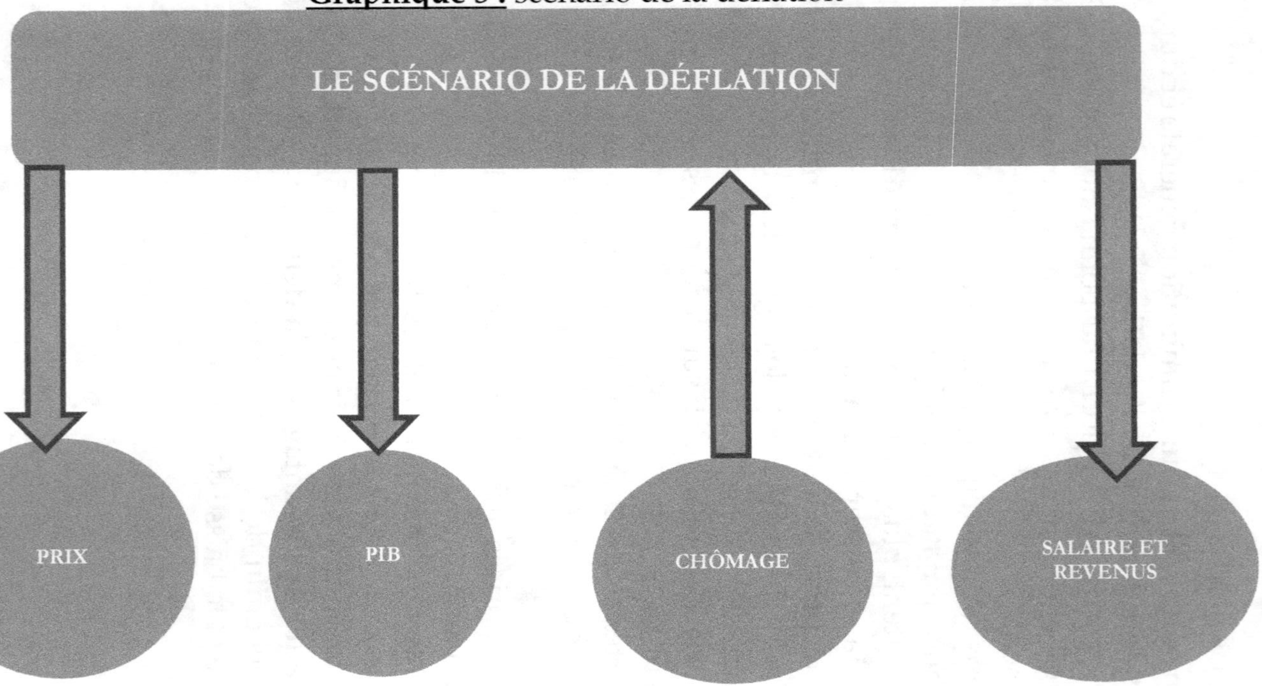

Ainsi tout comme l'inflation, la déflation peut aussi déboucher sur une récession économique.

b) LA STAGFLATION

Le concept de stagflation est né de la combinaison du mot stagnation qui signifie aussi récession et inflation.

Comme démontré antérieurement, l'inflation naît généralement d'une situation économique généreuse. L'embauche bat son plein, les entreprises engrangent des profits, l'Etat encaisse les impôts des ménages et des entreprises et engage des grands travaux, les banques prêtent sans compter et dopent la demande. Bref, tout est bien dans le meilleur des mondes. Mais très vite, l'économie peut surchauffer et aboutir à l'inflation si la situation n'est pas maîtrisée. Ainsi selon ce schéma, l'inflation ne peut advenir que dans une situation de croissance économique. Or il s'avère aussi que l'inflation peut se produire en situation de récession, ou normalement la demande est frigide. C'est pourquoi le concept stagflation est né pour décrire une situation inflationniste en période de stagnation économique.

Graphique 6 : scénario de la stagflation

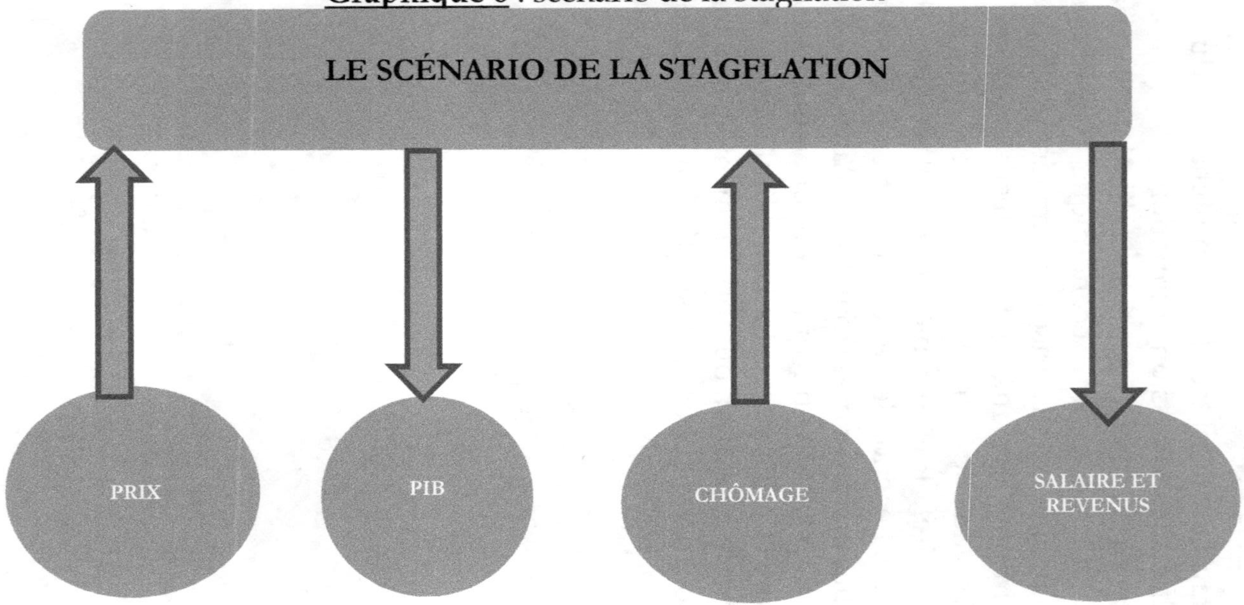

Ce type d'inflation provient généralement des chocs extérieurs qui handicapent l'économie nationale. En effet, la hausse soudaine des prix du pétrole dans les années 70 a secoué durement les économies consommatrices de cette matière première. Cette situation peut aussi s'expliquer par une politique monétaire expansive inefficace, notamment le financement bancaire des investissements non productifs, et le recours à la planche à billets pour financer le déficit public.

La réponse à donner en cas de déflation ou de stagflation a déjà été discutée. Il s'agit dans les deux cas de récession économique et la réponse appropriée est, soit une politique fiscale expansive, soit une politique monétaire expansive.

Cela dit, il n'y a pas de formules magiques en économie. Tout est donc une question de dosage. Si vous appliquez une politique fiscale expansive avec une forte odeur de corruption et de fraude qui limite les possibilités de recouvrement de l'impôt, avec des dépenses improductives, le résultat sera négatif. Si vous appliquez une politique monétaire expansive et que les banquiers financent seulement les amis et les opérations de trésorerie, le résultat sera tout aussi négatif et aboutira à une stagflation. Il faut continuellement maîtriser les ressorts de l'économie sinon ils vous échappent.

Ces stratégies économiques peuvent être appliquées alternativement ou simultanément en fonction de l'acuité du problème économique à résoudre. Lorsque ces stratégies sont mises en œuvre concomitamment, on parle alors de POLICY MIX. Les pouvoirs publics coordonnent leurs activités en vue de résoudre le problème économique posé.

La politique fiscale, tout comme la politique monétaire peut prendre deux directions toujours en lien avec la situation économique du pays. Si le pays est en récession, la réponse appropriée est de stimuler l'économie. Les politiques fiscales et monétaires appliquées sont expansives. Si le pays est en forte croissance avec une surchauffe inflationniste, les politiques fiscales et monétaires deviennent restrictives. On remarque ainsi que la politique économique appliquée prend le contrepied de la conjoncture économique du pays. C'est pourquoi les économistes les appellent les politiques contra-cycliques.

Toujours en lien avec la situation économique qui prévaut, on peut associer une politique fiscale expansive avec une politique monétaire restrictive. Le contraire peut aussi également advenir *(politique fiscale restrictive avec une politique monétaire expansive)*. La matrice de la *Policy Mix* comprend donc quatre cas.

K.6. POLICY MIX

a) LA POLITIQUE FISCALE EXPANSIVE ET LA POLITIQUE MONETAIRE EXPANSIVE

On connait à présent, les effets de la politique fiscale expansive. Elle entraîne la hausse de la demande, stimule l'activité économique, et débouche sur un déficit budgétaire. Pour financer ce déficit, l'État accroît sa demande de monnaie et sollicite le marché financier, ce qui provoque une hausse des taux d'intérêt. Or la hausse des taux d'intérêt rend les nouveaux investissements plus onéreux. Les entreprises désinvestissent avec le risque de voir pointer la récession que le gouvernement voulait juguler avec sa politique d'expansion budgétaire. Pour éliminer ce risque et garder le cap de la croissance, la Banque Centrale, dépositaire de la politique monétaire, doit appliquer une politique expansive à son tour en agissant sur les instruments à sa disposition *(open-market, taux de réserve obligatoire, refinancement, etc.)* pour maintenir des taux d'intérêt bas.

C'est cette politique qui a été appliquée en 2002 par le Président George W. Bush avec des baisses d'impôts pour les ménages et la fin de la double taxation des dividendes. Durant la même période, la politique monétaire est accommandante. De 6,5 % par an début 2001, le taux directeur de la Réserve fédérale est descendu jusqu'à 1 % par an en 2003.

b) LA POLITIQUE FISCALE RESTRICTIVE ET LA POLITIQUE MONÉTAIRE RESTRICTIVE

Ce scénario intervient à l'occasion des tensions inflationnistes persistantes. En effet si le taux d'inflation monte et menace de dépasser le taux de croissance économique, alors le risque de récession devient réel. Il convient alors pour le gouvernement de réduire ses dépenses et les exonérations fiscales diverses pour faire baisser la demande et assainir les finances publiques. Les dépenses publiques doivent être efficaces et le recouvrement de l'impôt efficient.

La Banque Centrale, à son tour, applique une politique de taux fort avec les instruments à sa disposition pour influer sur le niveau de l'inflation.

c) LA POLITIQUE FISCALE EXPANSIVE ET LA POLITIQUE MONÉTAIRE RESTRICTIVE

La politique fiscale expansive, avec la hausse de la demande et par conséquent, la hausse de la demande de monnaie conduit à une hausse des taux d'intérêt. Ce même résultat est aussi produit par une politique monétaire restrictive. Dans cette situation, on se retrouve avec une forte augmentation des taux d'intérêt qui peut menacer les investissements et l'activité économique. Ce scénario peut cependant avoir son sens dans le cas d'une situation inflationniste persistante dont les effets seraient préjudiciables à la stabilité à long terme de l'économie comme ce fut le cas aux USA au début des années 80.

Le Président Ronald Reagan fraichement élu applique une politique d'allégement fiscal *(baisse des impôts)* et augmente les dépenses militaires dans le cadre de la guerre froide. Le déficit budgétaire passe de -0,5 % du PIB en 1981 à -3,3 % en 1986. Dans le même temps, la politique monétaire appliquée par le Gouverneur Paul Volker qui est entré en fonction en 1979, avant l'élection de Reagan est restrictive. De 1982 et 1984, les taux d'intérêt oscillent entre 8,5 % par an et 13 % par an. Quand on compare cela avec les taux actuels très bas autour de 1 % par an, on mesure la sévérité de cette politique.

L'impact définitif de ce type de combinaison de politique économique sur l'économie dépend de l'ampleur de l'une ou l'autre des stratégies appliquées.

d) LA POLITIQUE FISCALE RESTRICTIVE ET LA POLITIQUE MONÉTAIRE EXPANSIVE

Ce scénario abouti à une rigueur budgétaire et un assouplissement de la politique monétaire avec des taux d'intérêt bas. Cette situation est applicable aux pays très endettés avec un déficit budgétaire structurel. Il convient de sortir de cette spirale pour éviter de compromettre durablement la base économique. Dans le même temps, la politique monétaire expansive permet au secteur productif de bénéficier des taux bas pour relancer les activités. Cette situation s'apparente à celle de l'Europe des années 2011 à 2013 où des pays comme la France, l'Espagne et l'Italie ont dû faire face à des ajustements budgétaires sévères quand dans le même temps, la Banque Centrale européenne appliquait des politiques de taux d'intérêt bas.

On voit à travers cette matrice de la *Policy Mix* que le problème fondamental qui se pose est d'allier le bon taux d'inflation et le bon taux de croissance économique. En effet, lorsque le taux d'inflation est élevé et au-delà du taux jugé acceptable, la Banque Centrale hausse le taux d'intérêt directeur. Lorsque le taux de croissance économique est aussi faible et loin des objectifs de plein emploi, elle baisse le taux d'intérêt directeur. En d'autres termes, quel est le bon taux d'intérêt directeur qui permettrait simultanément de juguler l'inflation et maintenir l'économie sur une trajectoire de croissance saine ?

C'est une question essentielle à laquelle, les banquiers centraux qui gouvernent l'économie mondiale sont confrontés tous les jours.

Plusieurs démarches sont possibles. Cependant la démarche la plus objective et la plus usitée est la règle de Taylor du nom de l'économiste américain John Taylor de l'université de Stanford et qui a aussi exercé dans l'administration financière du gouvernement américain et qui reste un possible lauréat du prix Nobel d'économie.

Cette règle, dans sa version originale, a été énoncée en 1993 avec l'idée de donner une directive objective à la définition du taux directeur de la Banque Centrale. C'est une formule mathématique qui s'appuie sur le différentiel d'inflation et le différentiel de taux de croissance économique.

Cette équation permet de trouver le taux directeur « *optimal* » en fonction de la différence entre le taux d'inflation effectif et le taux d'inflation désirable, ainsi que de la différence entre le taux de croissance économique observé et le taux de croissance projeté. Un coefficient de 0,5 est affecté à chacune des deux différences. Le poids assigné à chaque différentiel est expliqué par l'élasticité du taux d'intérêt à chacune des variables. Selon Taylor, le taux d'intérêt croitrait de 0,5 pour tout différentiel de 1 entre le taux d'inflation effectif et le taux d'inflation désirable ou projeté. Il en est de même pour le différentiel de PIB (*PIB effectif et PIB projeté).*

Ainsi l'équation est la suivante :

$$\mathbf{I = i + p + \alpha(p - P^*) + \beta\,(y - Y^*)}$$

I est le taux directeur désiré qui assure le plein emploi et la stabilité des prix.

i+p est le taux d'intérêt nominal du moment

p est le taux d'inflation du moment

P* est le taux d'inflation acceptable

y est le taux de croissance actuel du PIB

Y* est le taux de croissance désiré du PIB

α est égal à 0,5 % et β est égal à 0,5 % selon les données de Taylor.

La résolution de cette équation permet d'identifier le taux directeur optimal.

Prenons les exemples suivants :

CAS D'UN PAYS EN DÉVELOPPEMENT *(PAYS AFRICAIN)*

On a les données de base suivantes :

I+p (taux d'intérêt nominal du moment) est de 4,5 %

p (taux d'inflation observé) est de 2 %

P* (taux d'inflation acceptable) est de 5 %

y (taux de croissance observé) est de 7 %

Y* (taux de croissance désiré) est de 10 %

Dans ce pays, le taux d'inflation observé est de 2 % inférieur de 3 % au taux d'inflation acceptable de 5 %. Le taux de croissance observé est de 7 %, inférieur d'une marge de 3 % du taux croissance désirable de 10 %. Quel est alors le taux d'intérêt directeur qui permettrait d'atteindre les objectifs de taux d'inflation à 5 % et de taux de croissance à 10 % ?

L'équation de Taylor permet de répondre à cette question.

$$\mathbf{I=4{,}5\ \%+0{,}5\ (2\ \%-5\ \%)\ +0{,}5(7\ \%-10\ \%)=\ 1{,}5\ \%}$$

Ainsi le taux d'intérêt directeur que la Banque Centrale de ce pays doit appliquer est de 1,5 %. C'est une baisse de 3 % à partir du taux d'intérêt nominal actuel. Naturellement, pour que ce taux permette d'atteindre les objectifs de croissance et d'inflation, il faut un système financier capable de le transmettre dans le circuit économique.

CAS D'UN PAYS OCCIDENTAL

Si

Y* est à 5 %

y est à 3 %

p est à 1 %

P* est à 2 %

i+p est à 2 %

Alors I = 2 %+0,5(1 %-2 %)+0,5(3 %-5 %)=0,5 %

Dans ce pays occidental, avec une croissance à 3 % et une inflation à 1 %, la Banque Centrale baisserait le taux directeur de 1;5 % pour atteindre les objectifs de croissance de 5 % avec une inflation à 2 %.

Avant d'achever ce parcours sur la politique macroéconomique, il est utile de connaitre les critères qui permettent d'établir une opinion sur sa conduite par le gouvernement. En d'autres termes comment juger du succès ou de l'échec d'un gouvernement dans la conduite des politiques économiques et sociales ?.

L. LES CRITÈRES DE PERFORMANCE ÉCONOMIQUE ET SOCIALE D'UN GOUVERNEMENT

Il existe plusieurs indicateurs que les économistes utilisent pour juger de la performance de la politique économique d'un gouvernement.

Les critères suivants permettent, en un clin d'œil, de donner quitus à l'action du gouvernement. Ils sont subdivisés en deux catégories.

Il y a les critères économiques qui sont au nombre de trois, notamment, le PIB, l'inflation et le niveau de l'emploi.

Il y a les critères sociaux, notamment certains indicateurs clés dans les secteurs de la santé et de l'éducation.

On peut aussi ajouter l'indice du développement humain qui a été élaboré par le Programme des Nations Unies pour le Développement *(PNUD)* et qui vise à intégrer dans un seul indice, les critères économiques et sociaux. Il est publié chaque année par le PNUD et classe les pays en fonction de leur score qui évolue entre 0 et 1. Les pays qui tendent vers 1 bénéficient d'un meilleur développement humain tandis que les pays autour de 0 ou en dessous de 0,5 décrivent un développement humain moins reluisant.

L.1. LES CRITÈRES ÉCONOMIQUES

a) LE PRODUIT INTÉRIEUR BRUT (PIB)

Le PIB est la somme de la valeur des biens et services finaux produits dans un pays donné ; que cela soit le fait des nationaux ou des étrangers. Ce calcul inclut les trois secteurs économiques que sont le secteur primaire *(agriculture, extraction, forêts, etc.)*, le secteur secondaire *(industrie)* et le secteur tertiaire *(services)*.

Plus le PIB croît d'année en année, plus les habitants de ce pays ont accès à un éventail plus large de biens et services. Cette évolution est mesurée par le taux de croissance économique. Mais avant d'aller plus loin, il est bon de connaitre la différence entre le PIB nominal et le PIB réel.

Le PIB nominal est calculé en multipliant les biens et services par leurs prix respectifs enregistrés au cours de l'année. Si dans un pays donné, en 2018, la somme des biens et services est de 100 et que le prix moyen et de 10, alors le PIB nominal dans ce pays est de 1000 *(100 biens et services multipliés par le prix de 10)*. On parle alors de PIB à prix courant, c'est-à-dire les biens et services évalués aux prix courants *(prix de l'année en cours)*.

Le PIB réel est calculé en évaluant les biens et services produits au cours de l'année par rapport au prix qui prévaut au cours d'une année de référence prédéfinie. Si l'année de référence est 2015 et que le prix moyen est de 8 cette année-là, alors le PIB réel de 2018 est de 800. On parle alors de PIB à prix constant. Ce calcul permet de tenir compte de l'inflation dans la valorisation des biens et services. Ainsi la différence de 200 entre le PIB 2018 à prix courant et le PIB 2018 à prix constant est uniquement due à l'effet de l'inflation. Si les prix n'avaient pas varié entre 2015 et 2018, le PIB 2018 à prix constant serait demeuré à 1000. Le PIB à prix constant permet donc de comparer l'évolution de la production dans un pays donné en annulant l'effet inflationniste ou effet prix.

Ce prérequis important étant levé, on en vient maintenant au taux de croissance du PIB. Le taux de croissance du PIB est un quotient dont le numérateur est la différence entre le PIB de l'année n et celui de l'année n-1. Le dénominateur est le PIB de l'année n-1 *(année précédente)*.

Ainsi l'équation du taux de croissance est la suivante :

T= (PIBn-PIBn-1) /PIBn-1

Le résultat obtenu est multiplié par 100 pour l'exprimer sous forme de pourcentage.

Le chiffre obtenu est l'un des indicateurs de performance économique car il permet de comparer l'évolution économique du pays au cours du temps et dans l'espace *(comparaison avec les autres pays)*. Cependant du fait même de son mode de calcul, et pour ne pas se tromper dans les comparaisons, il convient de distinguer le taux de croissance du PIB des pays développés et celui des pays africains.

En effet, les pays développés qui sont des économies de plein emploi (*autour de 5 % de taux de chômage)* et de plein capital *(au plein de leurs capacités de production)*, traînent une base économique très large *(qui est le PIBn-1)*. Cette base est le dénominateur. Au vu des capacités de production déjà fortement engagées, *le numérateur (PIBn-PIBn-1)* croit faiblement et pèsera très peu sur le dénominateur. Il en sort un taux de croissance généralement faible. Très peu de pays industrialisés de la sphère occidentale peuvent en effet se targuer d'un taux de croissance de plus de 5 % par an.

Par contre les pays africains qui sont en sous capacité de production *(sous-utilisation de la main d'œuvre et du capital)*, et dont la base économique *(le dénominateur)* est faible devraient sortir des taux de croissance plus élevés. Avec une meilleure utilisation des facteurs de production, ces pays devraient au minimum sortir des taux de croissance qui soient au moins le double des pays industrialisés, c'est-à-dire 10 % par an sur de longues périodes.

Il faut donc éviter de comparer les pays industrialisés avec les pays africains lorsqu'on parle de croissance économique.

Pour mesurer la performance économique d'un pays africain, il convient de comparer le taux croissance du pays en question dans le temps au cours des dix dernières années et dans l'espace, avec d'autres pays africains sur la même période. Une accélération continue du taux de croissance est le signe d'un renouveau économique durable. Une baisse ou une décélération du taux de croissance signifie que l'activité économique ralentit. Les chiffres de taux de croissance de tous les pays du monde sont disponibles sur le site de la Banque Mondiale, ou du FMI.

b) L'INFLATION

De la même façon qu'il est inapproprié de comparer le taux de croissance des pays industrialisés avec celui des pays africains, il serait également malencontreux de comparer les taux d'inflation entre ces deux groupes de pays.

En effet, les pays développés du fait de leur taux de croissance relativement faible *(autour de 5 %)*, vont viser un taux d'inflation qui tourne autour de 2 %. En effet, à ce taux, ces pays pourront jouir d'une croissance effective de revenu autour de 3 % *(5 %-2 %)*. Ainsi le taux d'inflation visé doit être inférieur au taux de croissance économique pour parler d'une croissance réelle.

Les pays africains devraient viser un taux de croissance minimum de 10 %. Dans ces conditions, le taux d'inflation idéal devrait tourner autour de 5 % à 6 %. Si un pays a un taux de croissance inférieur au taux d'inflation, alors la croissance réelle est négative et ce pays ne crée pas de la richesse.

c) LE NIVEAU D'EMPLOI

Le niveau d'emploi dans un pays est mesuré par le taux de chômage de la population active, c'est-à-dire la population en âge de travailler. Ce sont les personnes âgées de 15 à plus ou moins 64 ans selon la définition de l'âge de départ à la retraite dans chaque pays.

Ici aussi, il faut distinguer les pays occidentaux des pays africains. Les pays occidentaux sont des pays de plein emploi où le taux de chômage tourne généralement autour de 5 % avec quelques exceptions comme la France *(+- 10 %)*, l'Italie *(+- 10 %)*, et Espagne *(+-15 %)*.

S'il est relativement facile de cerner la population active, il est par contre très difficile de mesurer le taux de chômage dans le contexte africain.

Si l'on retient la définition du Bureau International du Travail *(BIT)*, selon laquelle, le chômeur est une personne sans emploi, en quête active d'emploi et disponible pour travailler et dont les détails sont disponibles au sein d'une agence en charge des informations sur l'emploi, on peut même conclure qu'il n'y a pas de chômage en Afrique. En effet si on prend un village, quel que soit le pays d'Afrique, on se rend compte que chacun a une occupation. On est laboureur, forgeron, puisatier ou pêcheur, etc. Il en est de même dans les villes africaines avec les multiples petits métiers peu productifs et peu rémunérateurs. Ces personnes n'iront pas pointer à une quelconque agence de l'emploi. Très peu de pays africains disposent d'ailleurs d'une telle agence digne de ce nom.

Par conséquent, en Afrique, on devrait plus tôt parler de qualité de l'emploi, c'est-à-dire une occupation qui permet de recevoir un revenu régulier et qui assure une protection sociale. Ainsi si l'on combine le niveau de chômage selon la définition du BIT brandit par les gouvernements africains dont les taux avoisinent les 10 % et le taux d'emploi précaire *(emploi informel ou système D)* qui est généralement autour de 80 %, on arrive à un taux de vulnérabilité ou taux de « *chômage* » au sens large *(définition du BIT plus qualité de l'emploi)* autour de 90 %.

Par conséquent, pour juger du taux de chômage en Afrique, il faut combiner la définition du BIT et le taux d'emploi précaire. Plus le pays s'éloigne et descend en dessous de la barre de 90 %, plus l'on peut juger d'un effort d'inclusion sur le marché du travail. Au-delà de 90 %, le pays s'enfonce dans la fragilisation aiguë de la population.

Les chiffres sur le taux de chômage et d'emploi précaire sont disponibles sur le site de la Banque Mondiale (https://databank.worldbank.org)

L.2. LES AUTRES CRITÈRES

On dénombre plusieurs indicateurs pour juger de la qualité du système sanitaire et éducatif, généré par les efforts de développement économique.

a) LA SANTÉ

Les indicateurs significatifs sont :

- ✓ Nombre de lits d'hôpital pour 1000 personnes *(il devrait être élevé)* ;
- ✓ Nombre de médecins pour 1000 personnes *(il devrait être élevé);*
- ✓ Part des dépenses de santé dans le total des dépenses du gouvernement *(elle devrait être élevée);*
- ✓ Taux de mortalité adultes (femmes, hommes) ; *(il devrait être bas);*
- ✓ Taux de prévalence de la malnutrition *(il devrait être bas);*
- ✓ Taux de mortalité infantile sur 1000 naissances *(il devrait être bas);*
- ✓ Espérance de vie en nombre d'années *(il devrait être élevé);*
- ✓ Taux dépenses publiques de protection sociale *(à l'exclusion de la santé)* sur PIB, *(il devrait être élevé);*
- ✓ Pourcentage des dépenses de soins de santé financées par l'assurance santé *(il devrait être élevé);*

Si ces chiffres n'évoluent pas dans la tendance indiquée, alors l'État n'offre pas les meilleures conditions de santé à sa population. Ici, à la différence des critères économiques, on peut oser la comparaison avec les pays industrialisés dont les données devraient servir de benchmark *(normes)*. En effet, avec peu de moyens mais avec un sens hardi du social et de l'imagination, on peut améliorer le système sanitaire du pays sans forcément disposer de ressources financières énormes. Un système de couverture sanitaire universelle performant attirerait les capitaux en quête d'opportunités d'investissements productifs qui s'établiraient dans ces pays pour construire hôpitaux et centres de santé modernes.

b) L'ÉDUCATION

On peut retenir les indicateurs suivants

✓ Taux de scolarisation du primaire *(il devrait être élevé)*;

✓ Ratio élève-enseignant du primaire *(il devrait être bas)*;

✓ Taux d'alphabétisation jeunes *(15 à 24 ans)*, *(il devrait être élevé)*;

✓ Taux d'alphabétisation adultes *(il devrait être élevé)*.

✓ Le taux de la population active ayant le niveau bac+4 *(il devrait être élevé)*.

La tendance favorable de ces indicateurs mesure les efforts faits pour améliorer la qualité des ressources humaines, facteur déterminant pour une croissance économique durable. Tous ces indicateurs sont disponibles sur le site de la Banque Mondiale. Il en existe aussi d'autres concernant l'environnement, la sécurité, le degré de corruption, la famine qui sont tout aussi importants pour mesurer la performance des politiques publiques.

c) L'INDICE DE DÉVELOPPEMENT HUMAIN (IDH)

L'indice du développement humain *(IDH)* intègre les aspects quantitatifs *(PIB par habitant)* et les aspects qualitatifs, notamment la santé *(espérance de vie à la naissance)*, et l'éducation *(accès à l'éducation)*.

Le calcul de l'IDH se fait en trois étapes.

Première étape: calcul de l'indice de l'Espérance de vie

Le PNUD sur la base de plusieurs études adopte des valeurs de référence pour l'âge maximal et minimal d'espérance de vie :

- ✓ Espérance de vie maximale dans le monde : 85 ans
- ✓ Expérience de vie minimale : 20 ans

Ces valeurs de référence font l'objet de réévaluation après une période donnée.

Pour calculer l'indice de l'espérance de vie d'un pays donné, on applique la formule suivante :

(Esperance de vie du pays- valeur minimale) / (Valeur maximale- valeur minimale).

Si l'espérance de vie dans un pays donné est de 76,3 ans, alors l'indice de l'espérance de vie de ce pays est égal à (76,3-20) / (85-20), ce qui est donne 0,87.

<u>Deuxième étape:</u> calcul de l'indice de l'Éducation

Le calcul de l'indice de l'éducation tient compte de deux sous indices qui sont :

- ✓ L'indice de la durée attendue de scolarisation. Selon les études du PNUD, cette durée maximale est de 18 ans. La valeur minimale est 0.
- ✓ L'indice de la durée moyenne de scolarisation. La moyenne mondiale maximale est estimée à 15 ans. La valeur minimale est 0.

On calcule le premier sous-indice en appliquant la formule suivante qui est similaire à la première :

(Durée de scolarisation effective du pays- Valeur minimale) / (Valeur maximale-Valeur Minimale).

Si la durée effective de scolarisation d'un pays est 16,4 ans, alors le sous-indice durée attendue de scolarisation est le suivant :

(16,4-0) / (18-0), ce qui donne 0,91.

On calcule le deuxième sous-indice de la durée moyenne de scolarisation selon la même formule :

(Durée moyenne de scolarisation effective du pays- Valeur minimale) / (Valeur maximale-Valeur Minimale).

Si pour le même pays, la durée moyenne de scolarisation est de 9,8 ans, alors le sous-indice est le suivant :

(9,8-0) / (15-0), ce qui est égal à 0,65

Dès lors que les deux sous indices de l'éducation sont trouvés, on fait la moyenne arithmétique pour trouver l'indice final de l'éducation.

(0,91+0,65)/2, ce qui donne 0,78

Troisième étape: calcul de l'indice du Niveau de vie

L'indice du niveau de vie est calculé en tenant compte du PIB par habitant (PIB réel du pays divisé par le nombre d'habitants).

Le niveau maximal de PIB par habitant calculé par le PNUD est de 75 000 dollars et le niveau minimal est de 100 dollars.

Si le PIB par habitant du pays est de 17 297 dollars, alors l'indice du niveau de vie est trouvé par la formule suivante similaire aux précédentes :

(ln (17 297) -ln (100)) / (ln (75 000) -ln (100)), ce qui donne un indice de 0,78.

Maintenant que les trois indices liés à la santé, à l'éducation et au niveau de vie sont connus, il faut les combiner pour trouver l'indice final qui est l'indice du développement humain *(IDH)*.

On trouve l'IDH en faisant la moyenne géométrique des trois indices trouvés avec la formule

$$\mathbf{IDH=3\sqrt{0,87 * 0,78 * 0,78}}$$

Le résultat de cette moyenne géométrique est 0,81

L'IDH de ce pays est donc 0,81 et se trouve dans la partie haute *(plus proche de 1)*. Par conséquent ce pays offre un niveau de vie élevé avec une espérance de vie également élevée et un accès facile à l'éducation.

Le PNUD classe tous les pays du monde en fonction de leur score IDH. Pour connaître le score d'un pays donné, il suffit de se connecter sur le site du PNUD (https://www.undp.org) et rechercher le nom du pays.

Les principaux acquis de ce parcours de la politique macroéconomique sont :

- ✓ L'État a deux instruments de politique macroéconomique qui sont la politique fiscale et la politique monétaire ;

- ✓ La politique fiscale est conduite directement par le gouvernement. Il s'agit de formuler et exécuter le budget public en vue d'influencer le fonctionnement des variables économiques que sont le niveau des prix, la production des biens et services, les revenus et le niveau de l'emploi, etc., soit en augmentant ou en diminuant les dépenses, soit en augmentant ou baissant les impôts en fonction de la situation économique dans lequel le pays se trouve ;
- ✓ La formulation et la conduite de la politique fiscale sont relativement aisées. En effet, les variables sur lesquelles on s'appuie, notamment les dépenses et les recettes publiques, sont bien cernées ;
- ✓ La politique monétaire par contre est conduite par un démembrement indépendant du gouvernement qui est la Banque Centrale. Au contraire de la politique fiscale qui utilise des instruments directement sous le contrôle du gouvernement *(dépenses et recettes publiques)*, la politique monétaire est conduite en influençant les comportements d'autres agents économiques. Ces agents sont les banques commerciales *(qui offrent la monnaie)*, les ménages, les entreprises et l'État lui-même *(qui demandent la monnaie)*. L'objectif de la politique monétaire sera donc d'assurer l'équilibre entre l'offre et la demande de monnaie afin de promouvoir un développement économique sain et durable ;
- ✓ Le succès de ces politiques dépend de l'environnement de transparence dans lequel elles sont conduites et de la justesse avec laquelle les problèmes à résoudre sont identifiés ;
- ✓ Plusieurs critères et indices sont disponibles pour affiner l'opinion sur la performance macroéconomique d'un pays donné ;
- ✓ Le gouvernement lui-même dispose de plusieurs indicateurs pour guider son action économique. Quelques-uns de ces indicateurs sont présentés ci-après avec leur définition.

Tableau 23 a : indicateurs des comptes nationaux

	INDICATEUR	DÉFINITION
	COMPTES NATIONAUX	
1	PIB *(en milliards, monnaie locale constant; année de base:2010)*	PIB en monnaie locale à prix constant: somme de biens et services produits multipliée par l'indice des prix à la consommation de l'année de base; *(l'année de base est définie pour chaque pays).*
2	Taux de croissance annuelle en % du PIB *(constant)*	
3	PIB *(en milliards, monnaie locale courant)*	Somme de biens et services produits sont multipliés par l'indice des prix à la consommation de l'année en cours.
4	Déflateur du PIB	Déflateur implicite du PIB: ratio du PIB en monnaie locale en prix courants et du PIB en monnaie locale en prix constants.
5	PIB par tête *(monnaie locale constant)*	PIB constant divisé par la population en milieu d'année.
6	PIB par tête *(monnaie locale courant)*	PIB courant divisé par la population en milieu d'année.
7	Montant de la Formation brute du capital fixe *(FBCF)* en milliards, monnaie locale en prix courants	Ensemble des investissements privés et *publics (acquisition moins cession d'équipements et d'actifs physiques, variation des stocks ,etc.)* réalisés dans le pays.
8	Croissance annuelle du FBCF *(%)*	
9	FBCF en % du PIB	
10	Consommation finale en milliards, monnaie locale en prix courants	Somme de la consommation des ménages et du gouvernement.
11	Consommation finale en % du PIB courant	
12	Épargne domestique brute en milliards, monnaie locale	Épargne domestique brute: PIB moins les dépenses totales
13	Épargne domestique brute en % du PIB prix courant	

14	Taux de chômage	Pourcentage des personnes en âge de travailler, sans emploi, disponible et à la recherche d'emplois *(définition BIT)*, sur la population en âge de travailler.
15	Emplois vulnérables	Emploi vulnérable: emploi familial, à compte personnel, sans contrat de travail, sans sécurité sociale et sans revenus réguliers *(emplois informels)*.

<u>Tableau 23 b :</u> indicateurs des finances publiques

	FINANCES PUBLIQUES	
1	Revenus du gouvernement en milliards, monnaie locale	Taxes et impôts, des contributions sociales, des pénalités, frais divers, loyers, ventes d'actifs, les dividendes, dons et autres revenus, etc.
2	Revenus du gouvernement en % du PIB courant	
3	Dépenses du gouvernement en milliards, monnaie locale	Dépenses de consommation des biens et services et de fonctionnement.
4	Dépenses du gouvernement en % du PIB courant en monnaie locale	
5	Solde budgétaire (S); si S>0, alors Surplus budgétaire, si S<0, alors déficit budgétaire. Le montant est en milliards, monnaie locale	Solde budgétaire: Différence total des recettes et dépenses publiques. Il mesure la capacité (+) ou le besoin (-) net du gouvernement à financer les autres secteurs économiques ou utiliser les ressources provenant de ces derniers qu'ils soient locaux ou étrangers.
6	Solde budgétaire en % du PIB	
7	Total dette publique en milliards, en monnaie locale	
8	Total dette publique en % du PIB courant	Total des obligations et engagements du gouvernement *(dette intérieure et extérieure)* déterminé à un période donnée.

Tableau 23 c : indicateurs monétaires

	MONÉTAIRES	
1	M3 (Masse Monétaire au sens large en milliards, monnaie locale)	Masse monétaire au sens large: billets et pièces, comptes courants en banque, comptes d'épargnes et dépôts à terme, comptes en devises des opérateurs économiques, chèques de banque et de voyage, monnaie électronique, titres financiers du marché monétaire *(billets de trésorerie, et certificat de dépôt, bons du Trésor, etc.).*
2	M3 (Masse Monétaire au sens large en % du PIB courant)	
3	Taux de croissance de M3 (% annuel)	
4	Ratio M3/Réserves (M3 en proportion du total des réserves de changes)	M3 est divisé par le total des réserves de changes.
5	Inflation (variation annuelle en % de l'indice des prix des biens et services du consommateur)	Inflation mesure la variation annuelle en pourcentage de l'IPC des biens et services constitutifs du panier du consommateur typique du pays.
6	Crédits domestiques au secteur privé (% du PIB)	Ensemble des prêts de toute nature des institutions financières (*autre que la Banque Centrale)* au secteur privé ou secteur productif *(ce qui peut inclure les entreprises publiques).*

Tableau 23 d : indicateurs balance des paiements et commerce international

	BALANCE DES PAIEMENTS ET COMMERCE INTERNATIONAL	
1	Solde compte courant en millions USD courant	Soldes des comptes des biens et services, du compte des revenus primaires et secondaires.
2	Solde compte courant en % du PIB courant	

3	Investissement Directes Etrangers (IDE) nets reçus en millions de USD courant)	IDE reçus moins les désinvestissements des étrangers dans le pays.
4	IDE nets reçus en % du PIB en millions USD courant	
5	IDE nets sortis en millions USD	IDE faits par les résidents du pays moins les désinvestissements effectués à l'étranger.
6	IDE nets sortis en % du PIB en USD courant	
7	Solde du compte de capital	Solde du compte du capital, en USD courant.
8	Solde du compte financier (actifs moins engagements nets du pays)	Le solde du compte financier décrit comment le besoin de financement ou la capacité de financement a été comblé par le reste du monde ou investit dans le reste du monde.
1	Exportations des biens et services en milliards de USD	Exportations des biens et services en USD courant.
2	Exportations des biens et service (variation annuelle en %)	
3	Exportations des biens et services (% du PIB)	
4	Importations des biens et services en milliards de USD	Importations des biens et services en USD courant.
5	Croissance annuelle des importations (%)	
6	Importations des biens et services (% du PIB)	

Le chapitre suivant entame la connaissance des relations économiques d'un pays avec l'extérieur.

CHAPITRE IV

L'EXTÉRIEUR

Ceci constitue le dernier chapitre de notre odyssée sur la connaissance des fondamentaux de l'économie à travers les agents économiques.

Après la description et le rôle des entreprises, les ménages et l'État, il ne reste plus qu'étudier les relations de ces trois agents avec le reste du monde.

Ainsi l'extérieur n'est pas à proprement parler un agent économique identifiable comme peut l'être, une entreprise, un ménage ou l'État. Il s'agit ici de répertorier les relations entre les agents économiques, quelles que soient leurs nationalités et résidant dans un pays et ceux évoluant dans d'autres pays. C'est pourquoi l'extérieur est matérialisé par un ensemble de comptes qui retracent les échanges des flux physiques *(biens et services)* et des flux monétaires et financiers entre les agents économiques nationaux et étrangers. L'ensemble de ces comptes sont regroupés dans la balance de paiements et la position extérieure du pays.

Étudier l'extérieur revient donc à analyser la balance des paiements et la position extérieure d'un pays, déceler leur impact sur l'économie nationale et identifier les stratégies à même d'améliorer cet impact pour le bien-être des agents économiques résidents.

M. LES COMPTES EXTÉRIEURS

Les normes de construction des comptes extérieurs sont définies par le Fonds Monétaire International (FMI). Ces normes sont consignées dans un document de 371 pages intitulé « *Balance of Payments and International Investment Position*

Manual » qui est maintenant à sa sixième édition. Le texte qui suit s'inspire largement de ce document.

M.1. LA BALANCE DES PAIEMENTS (BDP)

La balance des paiements est un tableau statistique qui enregistre toutes les transactions économiques effectuées pendant une période donnée entre les résidents d'un pays, d'une région ou d'une union économique et ceux de l'extérieur.

Le système d'enregistrement des opérations dans la balance des paiements est basé sur les principes de la comptabilité en partie double. Toute inscription doit être balancée par une écriture de contrepartie. Toutes les transactions sont donc enregistrées sous forme de crédit et de débit comme dans le bilan d'une entreprise. Toute opération qui se traduit par une entrée de ressources est inscrite au crédit. Une opération qui occasionne une sortie de ressources est inscrite au débit. Ceci implique que la somme de tous les crédits devrait être égale à la somme de tous les débits.

Puisqu'elle met en rapport les opérations des agents économiques résidents et non-résidents, la balance des paiements ne retrace que deux grands types de flux. Ce sont les flux physiques d'une part *(biens et services)* et les flux financiers d'autre part. En effet, les agents économiques, partout dans le monde, ne s'échangent que ces deux types de flux. C'est pourquoi la balance des paiements est assise sur deux grandes familles de comptes. Ce sont les comptes des biens et services et le compte des opérations financières.

Les comptes des biens et services sont la contrepartie ou le miroir du compte des opérations financières. En d'autres termes quand les résidents d'un pays vendent des biens et services *(qui sont retracés dans les comptes des biens et services)* aux résidents du reste du monde, ils reçoivent de la part de ces derniers de l'argent *(qui est retracé dans le compte des opérations financières).* On prend les exemples suivants :

Un exportateur guinéen vend des bauxites à un acheteur américain, il reçoit de l'argent en contrepartie de l'opération d'exportation.

L'exportation est enregistrée dans les comptes des biens et services et l'argent reçu est noté dans le compte des opérations financières.

Si un autre opérateur guinéen importe des lots d'habits de seconde main *(habit usé)* d'un exportateur américain, il remet à cet exportateur de l'argent contre les habits en question.

L'opération d'importation est reprise dans les comptes des biens et services alors que la sortie d'argent par le Guinéen au profit de l'américain est retracée dans le compte des opérations financières.

Les soldes *(les différences)* de ces opérations dans les deux grands différents types de comptes sont calculés et comparés. Si l'opération d'exportation est égale à l'opération d'importation, alors le solde des comptes des biens et services est nul. Ce compte est donc équilibré. Le compte des opérations financières sera aussi nul et par conséquent équilibré puisqu'il retrace le pendant financier des opérations du compte des biens et services.

Mais dans la réalité, les choses ne se présentent pas souvent de cette manière. Généralement, le solde des comptes des biens et services est soit supérieur soit inférieur à zéro. Il y a alors excédent ou déficit. Si le solde est supérieur à zéro, cela signifie que les exportations ont été supérieures aux importations. Ce qui revient à dire que les opérateurs économiques guinéens ont reçu plus d'argent des résidents du reste du monde qu'ils n'en ont envoyé à ces derniers.

Ainsi le compte financier de la Guinée va enregistrer un excédent. Bénéficiant de cette manne, les résidents guinéens peuvent l'investir dans les actifs divers *(prêts aux non-résidents, achat d'actions des entreprises cotées sur la bourse régionale d'Abidjan en Côte d'Ivoire ou investissement direct dans des entreprises situées au Sénégal, etc.)*. Le pays jouit d'excédent de réserves financières qu'elle investit à l'étranger.

Si par contre, le solde des comptes des biens et services est inférieur à zéro, alors les importations sont supérieures aux exportations du pays. Cela entraine automatiquement un déficit équivalent du compte financier. Si le compte financier est déficitaire, cela signifie que le pays devra emprunter le supplément d'argent pour effectuer ses opérations d'importations. Dans ce cas, la Guinée va se tourner vers ses partenaires ivoiriens, sénégalais ou même américains, pour lever les fonds qui lui manquent pour boucler ses importations.

Ainsi, on le voit, l'excédent des comptes des biens et services entraine des investissements du pays dans le reste du monde quand le déficit est financé par des investissements du reste du monde dans le pays.

Puisque le solde des comptes des biens et services est égal au solde du compte des opérations financières, le solde global de la balance des paiements est équilibré et est égal à zéro. Cependant, dans la pratique, à cause du mode de collecte des informations *(enquêtes fastidieuses menées par la Banque Centrale auprès des opérateurs économiques)*, ce solde est rarement égal à zéro. Les comptables publics règlent cette question en y incluant une ligne d'égalité appelée « *erreurs et omissions* » qui permet de solder la balance des paiements à zéro.

S'il est acquis que le solde de la balance des paiements est égal à zéro, par contre les soldes des comptes qui la composent sont rarement égaux à zéro et cela entraine d'importantes politiques d'ajustement. En effet, les actifs financiers constitutifs du compte des opérations financières qui financent, soit un déficit, soit un excédent du compte des biens et services appellent de sérieuses inflexions des politiques fiscales et monétaires du pays. C'est pourquoi la balance des paiements est un important outil d'analyse et de prise de décision économique. C'est le principal outil qu'utilise le FMI pour faire ses recommandations aux États membres et notamment les pays africains. C'est cet instrument qui sert de référence pour agir sur le taux de change d'une monnaie. C'est lui qui était utilisé en 1994 pour opérer la dévaluation de 50 % du FCFA. C'est lui qu'il faut surveiller pour savoir s'il y aura dévaluation ou pas du FCFA dans le futur.

Maintenant que le concept de balance des paiements est connu et maitrisé, nous allons étudier dans le détail, les comptes et les sous-comptes qui la composent. On distingue deux grandes familles de comptes qui sont les comptes des biens et services et les comptes d'opérations financières

a) LA FAMILLE DES COMPTES DES BIENS ET SERVICES

On a le compte des transactions courantes et le compte de capital.

➢ LE COMPTE DES TRANSACTIONS COURANTES OU COMPTE COURANT

Le compte des transactions courantes est composé de 4 sous comptes qui sont :

- ✓ Le compte des biens
- ✓ Le compte des services
- ✓ Le compte des revenus primaires
- ✓ Le compte des revenus secondaires.

- **LE COMPTE DES BIENS**

Les biens enregistrés dans le compte des biens sont définis comme les actifs physiques dont la propriété peut être transférée du vendeur vers l'acheteur. Ces biens peuvent être, soit des biens de consommation finale *(voiture, frigidaire, etc.),* soit des biens de consommation intermédiaires *(produits semi-finis ou machine-outil pour produire d'autres biens)*. Un véhicule de marque BMW ou un équipement industriel initialement propriétés du fabricant allemand deviennent la propriété de M. Yao en Côte d'Ivoire, suite à l'exportation de ce véhicule et de cet équipement de l'Allemagne vers la Côte d'Ivoire.

Les biens sont répertoriés en trois grands groupes :

1) **Les marchandises générales :** elles représentent l'ensemble des biens physiques échangés directement entre un exportateur et un importateur. Ces biens sont valorisés et enregistrés dans le compte à leur prix de marché aux frontières douanières du pays, c'est-à-dire au prix FOB *(free on board)*. Si le Sénégal exporte des arachides vers la France, le kilogramme d'arachide sera enregistré à son prix de marché au port ou aéroport de Dakar sans tenir compte des assurances et frais de transport liés à leur embarquement ;

2) **Le négoce international :** Les échanges issus du négoce international concernent les biens achetés par un résident d'un pays à un non résident *(donc à un opérateur économique étranger)* et revendus à un autre non-résident sans

que ces biens touchent le sol du pays du résident qui les a achetés et revendus. En termes plus clairs, un commerçant sénégalais achète des tonnes d'huile de table à un industriel en Côte d'Ivoire et revend cette huile à un autre commerçant basé au Mali sans que la commande ne passe par Dakar. La marchandise quitte la Côte d'Ivoire et arrive au Mali sous les ordres du commerçant sénégalais. Il se peut aussi que ce commerçant malien revende la même marchandise à un autre commerçant mauritanien. Ainsi chaque pays fait le point des biens vendus ou achetés de cette manière et enregistre le solde dans le compte des biens ;

3) **L'or non monétaire :** il s'agit de l'or non détenu comme avoir de réserve par les autorités monétaires *(Banque Centrale)* mais par des industriels de la bijouterie et des entreprises minières ;

Les sorties *(exportations)* et entrées *(importations)* de ces biens enregistrés dans le compte des biens sont comparées. Un solde en est tiré et constitue le solde du compte des biens.

• LE COMPTE DES SERVICES

Nous passons maintenant au compte des services qui retrace les services rendus *(exportations)* et les services reçus *(importations)*.

Les services se distinguent des biens par leur caractère immatériel et par l'impossibilité de stockage. Un service est généralement consommé au moment de sa production et n'entraîne pas généralement un transfert de propriété *(on vous sollicite pour un service donné, on vous paye votre expertise et la transaction s'arrête là ; l'expertise est toujours vôtre)*.

Les services sont répertoriés en douze rubriques :

1. Services de fabrication fournis sur des intrants physiques détenus par des tiers *(il s'agit ici tout simplement des travaux de transformation, d'assemblage, d'étiquetage, d'emballage, etc. fournis par certaines entreprises sur les biens qui appartiennent à d'autres entreprises ; ex. assemblage des iPhones d'Apple par des entreprises chinoises)* ;
2. Services d'entretien et de réparation *(travaux d'entretien et de réparation effectués par les résidents sur des biens*

appartenant aux non-résidents et vice versa ; ex. réparation et d'entretien des navires, avions et autres matériels de transport dans les ports et aéroport notamment) ;

3. Transports *(frais de voyages aériens, routiers, ferroviaires, fluviaux, par gazoduc, oléoduc, à l'occasion des mouvements de personnes et des marchandises, services postaux et de messagerie, etc.) ;*

4. Voyages *(tout service acquis pour usage personnel et cadeaux à l'occasion de voyages d'affaires, tourisme, médicaux, études) ;*

5. Services de construction *(création, rénovation, réparation, agrandissement et gestion de bâtiments, construction routes, ponts, barrages, travaux de peinture, plomberie, démolition, etc.) ;*

6. Services d'assurance et de pension *(assurance directe du fret, assurance-vie, assurance dommages ou accidents, responsabilité civile, incendie, réassurance, pension retraite, etc.) ;*

7. Services financiers *(commissions et frais perçus directement ou indirectement par les intermédiaires financiers pour les opérations de change, de transactions sur valeurs mobilières, etc.) ;*

8. Commissions pour usage de propriété intellectuelle *(redevances versées pour les brevets, marques, modèles, droits d'auteur et de propriété dont l'utilisation ou l'exploitation a été concédée par un résident à un non-résident, et inversement) ;*

9. Services de télécommunication, d'informatique et d'information *(redevances pour l'utilisation de logiciels, des services télégraphiques ou téléphoniques, des réseaux de télécommunication et à la transmission de données.) ;*

10. Autres services aux entreprises

    a. Services de recherche et développement *(recherche fondamentale, recherche appliquée, mise au point expérimentale de nouveaux produits et procédés, ventes directes des résultats des services de recherche et développement)*

    b. Services professionnels et services de conseil en gestion (*services juridiques, de comptabilité, de conseil en gestion, gestion de relations publiques, publicité, études de marché et de sondages d'opinion) ;*

c. Services techniques, services liés au commerce et autres services *(travaux d'architecture, d'ingénierie et autres services techniques, traitement des déchets et de dépollution, services agricoles et miniers, location-exploitation, commissions sur les transactions de biens et services à payer aux négociants, courtiers en produits, distributeurs, commissaires-priseurs et commissionnaires, placement de personnel, services de sécurité, traduction et interprétation, services de photographie et de publication, nettoyage des immeubles et services immobiliers) ;*

11. Services personnels, culturels et relatifs aux *loisirs (services audiovisuels et connexes, redevances cinématographiques, achats, ventes et locations de programmes de télévision et de radio) ;*

12. Services des administrations publiques *(dépenses liées au fonctionnement administratif des postes diplomatiques, des organisations internationales, des bases militaires, etc.).*

Tout comme le compte des biens, les différents mouvements de services entre les agents économiques résidents et non-résidents sont comparés et le solde est tiré.

L'addition des soldes du compte des biens et du compte des services est la balance commerciale du pays. C'est le solde le plus important de la balance des paiements. Son niveau détermine généralement le solde du compte des transactions courantes.

- **LE COMPTE DES REVENUS PRIMAIRES**

Les revenus primaires représentent les flux monétaires versés aux agents économiques pour leur participation au processus de production. Ce sont les salaires pour les travailleurs, les revenus d'investissement pour les apporteurs du capital sous diverses formes et les loyers pour la location de ressources naturelles. Les impôts et subventions sont également inclus. Ainsi le compte des revenus primaires comprend les trois rubriques suivantes :

1. Rémunérations des salariés *(salaires et avantages divers)* pour le travail ;

2. Revenus d'investissements *(dividendes, bénéfices réinvestis, gain de capital, intérêts, etc.)* pour les types d'investissements suivants ;

a. Investissements directs *(part sociale dans une entreprise)*

b. Investissements de portefeuille *(actions, obligations ou autres actifs financiers, etc.) ;*

c. Autres investissements

a. Avoirs de réserve *(revenus de placements des réserves) ;*

3. Autres revenus primaires

a. Taxes sur la production et les importations ;

b. Subventions ;

c. Loyers des ressources naturelles.

Le solde entre les revenus reçus et payés par pays est également tiré. Il est soit excédentaire soit déficitaire.

- **LE COMPTE DES REVENUS SECONDAIRES**

Les revenus secondaires retracent les transferts courants entre résidents et non-résidents. Un transfert courant est la mise à disposition d'un bénéficiaire d'un bien, d'un service, d'un actif financier sans contrepartie directe pour l'émetteur *(celui qui met le bien à la disposition du bénéficiaire le fait gratuitement).* Ce transfert impacte directement le revenu disponible du bénéficiaire. Ces transferts sont perçus et payés par les administrations publiques, les entreprises et les ménages :

Le compte des revenus secondaires comprend les deux rubriques suivantes :

1. Les transferts des administrations publiques

a. Impôts courants sur le revenu et le patrimoine *(impôts prélevés par les administrations publiques sur le revenu perçu par des non-résidents en contrepartie de leur travail ou d'avoir financiers) ;*

b. Cotisations sociales *(contributions versées aux régimes d'assurance sociale afin d'assurer le paiement des prestations sociales) ;*

c. Prestations sociales *(allocations de retraite, couverture maladie, indemnités chômage, logement, éducation)* ;

d. Coopération internationale courante *(don fait par un pays à un autre)* ;

e. Transferts courants divers.

2. Les transferts des entreprises et des ménages

a. Impôts courants sur le revenu, le patrimoine ;

b. Cotisations sociales ;

c. Prestations sociales ;

d. Primes nettes d'assurance dommages et de garantie standard ;

e. Indemnités d'assurance dommages et appels en garanties standard ;

f. Coopération internationale courante ;

g. Transferts courants divers ;

h. Transferts personnels *(Envois de fonds des travailleurs)*.

Le solde entre les transferts courants reçus et payés est établi. Il peut être déficitaire ou excédentaire.

L'addition des quatre soldes du compte des biens, des services, des revenus primaires et des revenus secondaires donne le solde du compte des transactions courantes. Il peut être déficitaire ou excédentaire. Étant donné que les valeurs relatives aux biens et services sont les plus importantes, le solde de la balance commerciale *(solde des comptes des biens et services)* influence largement le solde du compte des transactions courantes. En général, le solde du compte des transactions courantes ira dans le même sens que le solde de la balance commerciale.

Le compte des transactions courantes mesure aussi bien le solde des opérations commerciales *(les échanges de biens et services)* que le solde des revenus qui sont échangés entre le pays et le reste du monde. En effet, ces biens et services ainsi échangés sont produits grâce aux facteurs de production que sont le travail et le capital. Ces facteurs font l'objet de rémunération. Ce travail ou ce capital peut être fourni aussi bien par des résidents que par des non-résidents du pays. Lorsque le facteur de production *(travail ou capital)* est fourni par des non-résidents, cela entraine des sorties de fonds pour le pays où sont déployés ces facteurs de production. La rémunération relative à la fourniture du travail ou du capital est transférée dans le pays de résidence de celui qui a fourni le facteur de production. A l'inverse, pour le pays dont les résidents reçoivent ainsi des revenus, il s'agit d'une entrée de fonds.

Les revenus perçus par un Ivoirien qui exécute un contrat de travail temporaire en Guinée et qui sont transférés dans son pays d'origine doivent être retracés dans la balance des paiements guinéenne et ivoirienne. Cette opération entraîne une sortie et une entrée de fonds pour la Guinée et pour la Côte d'Ivoire. De même, les revenus d'un investisseur guinéen générés par ses placements à la bourse régionale des valeurs d'Abidjan ou dans une entreprise de transport en Côte d'Ivoire doivent être aussi comptabilisés dans la balance des paiements des deux pays. Il s'agit alors d'une entrée et sortie de fonds pour la Guinée et la Côte d'Ivoire respectivement.

➢ **LE COMPTE DE CAPITAL**

Le compte de capital retrace lui aussi des transferts entre le pays et le reste du monde. Alors que le compte courant, à travers le compte des revenus secondaires, retrace les transferts courants *(revenus destinés à la consommation de biens et services)*, le compte de capital enregistre comme son nom l'indique les transferts en capital *(revenus destinés à l'acquisition d'actifs fixes)*. Ce sont des opérations qui donnent lieu, soit au transfert de propriété d'un actif fixe *(don d'une machine-outil par exemple)*, soit à la remise d'un engagement par le créancier *(abandon de créance sur un débiteur)*, ou encore aux dons en vue d'acquérir des actifs fixes *(dons pour acheter des équipements)*. Toutes ces opérations sont effectuées sans contrepartie directe pour le donateur.

Les opérations du compte de capital sont les suivantes :

1. Les remises de dettes *(soit annulation des dettes entre États ou organisations internationales ; ex. réduction de la dette dans le cadre de l'Initiative des Pays Pauvres Très Endettées ou IPPTE, soit entre entreprises ou ménages) ;*

2. Les dons projets *(subventions qui servent à acquérir des actifs fixes) ;*

3. Les acquisitions/cessions d'actifs non financiers non produits. Cette catégorie d'actifs regroupe les biens qui ne sont ni financiers, ni les produits d'un processus industriel. Ce sont les ressources naturelles *(terrains, gisements, eaux, forêts...)*, les contrats, baux et licences ainsi que le fonds de commerce *(marques et modèles déposés, logos, noms de domaine)*. Le droit d'utilisation de ces actifs est un transfert d'actif.

Ces transferts sont effectués par les pouvoirs publics, les entreprises, les organisations non gouvernementales et les ménages. Ils sont recensés dans le compte du capital et le solde en est tiré.

Le solde du compte de capital est additionné au solde du compte courant pour obtenir la capacité ou le besoin de financement du pays. Si le solde est négatif, cela signifie que le pays n'a pas les moyens autonomes de financer sa production et sa consommation de biens et services. Il doit recourir au financement extérieur. Si le solde est positif, cela signifie que le pays dégage un excédent de ses échanges avec le reste du monde qu'il peut investir.

b) LA FAMILLE DES COMPTES D'OPÉRATIONS FINANCIÈRES : LE COMPTE FINANCIER

Les opérations financières sont regroupées dans un seul compte, appelé le compte financier.

Le compte financier décrit la manière dont la capacité de financement du pays *(excédent du compte courant et du compte de capital)* a été utilisée. Il décrit aussi comment le besoin de financement du pays *(déficit du compte courant et du compte de capital)* a été comblé. Il comporte cinq grandes classes d'actifs financiers qui sont échangés entre le pays et le reste du monde. Ce sont :

1. Les Investissements directs
2. Les Investissements de portefeuille
3. Les Instruments financiers dérivés
4. Les Autres investissements
5. Les Avoirs de réserve.

- **LES INVESTISSEMENTS DIRECTS**

Ce sont les investissements *(prise de participation, réinvestissement des bénéfices, prêts intragroupe, etc.)* d'un agent économique résident dans un pays donné, dans une entreprise située dans une autre économie. Pour que l'investissement soit qualifié ainsi, il faut que l'investisseur détienne au moins 10 % des parts dans la société investie. Lorsque l'entreprise investie est cotée à la bourse des valeurs, alors la valeur d'enregistrement de l'investissement direct dans le compte financier est le prix de l'action de l'entreprise sur le marché boursier. Si l'entreprise n'est pas cotée, la valeur reportée dans le compte financier est la valeur comptable de l'action.

Si un résident nigérien détient 10 % des parts d'une entreprise basée au Burkina Faso, cet investissement sera qualifié d'investissement direct du Niger au Burkina Faso. Quand le Niger établit son compte financier, il enregistre cet investissement comme un avoir sur le Burkina Faso. Au cours de l'année, il se peut que les différents investisseurs nigériens qui détiennent des avoirs sur la Côte d'Ivoire, la Guinée ou le Sénégal en vendent une partie ou en achètent d'autres. Ainsi au moment de l'établissement du compte financier, le Niger va faire le « *netting* » c'est-à-dire établir le solde entre les avoirs détenus et les avoirs cédés. C'est ce solde qui, reporté dans le compte financier, représente l'avoir net du Niger sur le reste du monde.

De même que les résidents nigériens ont des avoirs en Côte d'Ivoire et dans d'autres pays, il se peut que des résidents allemands, français, ou chinois aient aussi des avoirs au Niger. Ces avoirs détenus par le reste du monde sur le Niger constituent des engagements *(dettes)* de ce pays à l'égard du reste du monde. La variation nette de ces engagements du Niger à l'égard du reste du monde est également reportée dans le compte financier. La différence entre les avoirs nets et les engagements nets du Niger constitue le solde final des investissements directs du pays.

Ce même exercice de « *netting* » est conduit pour toutes les classes d'actifs financiers du compte financier.

• LES INVESTISSEMENTS DE PORTEFEUILLE

Les investissements de portefeuille comprennent toutes les opérations sur titres *(actions, obligations, sicav, bons du Trésor, billets de trésorerie, etc.)* négociables *(qui peuvent être cédés)* entre résidents et non-résidents. Ces titres sont enregistrés à leur valeur de marché ou d'acquisition.

• LES INSTRUMENTS FINANCIERS DERIVES

Un instrument financier dérivé est un instrument qui, comme son nom l'indique, dérive *(découle)* d'un autre instrument financier sous-jacent et qui sert à gérer les risques liés à l'instrument sous-jacent. Les instruments financiers sous-jacents peuvent être le taux d'intérêt, le taux de change, les contrats des matières premières, etc. Il existe deux grandes catégories d'instruments financiers dérivés. Ce sont les options et les contrats à terme.

Dans un contrat d'option, l'acheteur de l'option acquiert auprès de l'émetteur de l'option le droit d'acheter ou de vendre *(selon qu'il s'agit d'une option d'achat ou de vente)* un instrument financier sous-jacent à un prix contractuel convenu *(prix d'exercice)* avant une date spécifiée ou à cette date. L'option d'achat est appelée « *Call option* ». L'option de vente est appelée « *Put option* ».

Dans le cas du contrat à terme, les deux parties à la transaction conviennent aujourd'hui d'échanger de façon ferme un article sous-jacent (physique ou financier), pour une quantité définie, à un prix convenu *(le prix d'exercice)*, à une date ultérieure spécifiée.

• LES AUTRES INVESTISSEMENTS

Les autres investissements sont :

1. Les participations qui ne prennent pas la forme de titres *(ex. participations d'un pays dans des organismes internationaux à but non lucratif)* ;
2. Les numéraires et dépôts ;
3. Les prêts, les emprunts, les crédits commerciaux et avances ;
4. Les effets à payer/à recevoir ;
5. Les provisions et réserves des assurances ;

6. Les allocations de droits de tirage spéciaux *(DTS)*. Les DTS sont des avoirs de réserves internationaux créés par le FMI et alloués à ses pays membres pour compléter leurs réserves officielles de changes. Les DTS confèrent à leur détenteur le droit d'obtenir des devises auprès du FMI. La valeur des DTS est déterminée par rapport à un panier de devises révisé tous les 5 ans *(aujourd'hui Euro, Yen, Dollar, Livre sterling, Yuan)*.

- **LES AVOIRS DE RÉSERVE**

Les avoirs de réserve sont les avoirs extérieurs disponibles dans les comptes de la Banque Centrale du pays. Ils sont composés des actifs suivants :

- ✓ L'or monétaire détenu par les autorités monétaires à titre d'avoir de réserve ;
- ✓ Les DTS. Il s'agit de la contrepartie des DTS enregistrés en engagements dans les « autres investissements » ;
- ✓ La position de réserve au FMI. C'est une ligne de financement accordé par le FMI ;
- ✓ Les autres avoirs de réserve recouvrent les avoirs en titres étrangers, les numéraires et les dépôts auprès d'institutions étrangères.

Les différents soldes de ces cinq classes d'actifs sont additionnés et donnent le solde global du compte financier.

Si le solde du compte financier est positif, cela signifie que les avoirs du pays dans le reste du monde sont supérieurs aux engagements envers le reste du monde.

Si le solde est négatif, alors le pays dispose de moins d'actifs financiers dans le reste du monde. Ses engagements envers l'extérieur sont plus importants.

Ainsi le solde du compte financier décrit la manière dont le pays gère ses avoirs et ses engagements vis-à-vis du reste du monde.

Comme initialement démontré, le solde du compte courant et du compte de capital nous renseigne sur la capacité ou le besoin de financement du pays. Si ce solde est négatif, cela signifie que ce pays exprime un besoin de financement. S'il est positif, le pays est doté d'une capacité de financement. Le solde du compte financier reflétera ainsi la capacité de financement ou le besoin de financement du pays.

Si le solde du compte courant et du compte de capital est négatif, ce qui revient à dire que le pays exprime un besoin de financement, alors les avoirs du pays recensés par le compte financier seront inférieurs aux engagements du pays envers le reste du monde. Puisqu'il dispose de moins de ressources propres pour financer son activité, le pays fera appel à l'investissement extérieur pour couvrir son besoin de financement.

Si le solde du compte courant et du compte de capital est positif, le pays est alors en capacité de financement. Doté de ressources suffisantes pour financer ses activités, le pays sera moins enclin à recourir à l'investissement extérieur. Ses engagements seront alors moindres et les avoirs plus importants. C'est le pays qui prêtera son excès de liquidité au reste du monde.

Au final on a donc trois grands comptes dans la balance des paiements et qui sont, le compte des transactions courantes, le compte du capital et le compte financier.

Tableau 24: exemple de Balance Des Paiements : France 2017 (en millions d'euros)

	Crédit (exportations ou entrées de ressources)	Débit (importations ou sorties de ressources)	Solde
1. COMPTE DE TRANSACTIONS COURANTES	**866 535**	**876 160**	**-9 625**
Compte des Biens	**460 463**	**485 470**	**-25 007**
Marchandises générales	437 644	485 470	-47 826
Négoce	22 819		22 819
Compte des Services	**216 443**	**207 537**	**8 906**
Services de fabrication fournis sur des intrants physiques détenus par des tiers	7 845	7 411	434
Services d'entretien et de réparation	5 305	4 030	1 275
Transports	37 976	40 739	-2 763
maritimes	*13 123*	*8 925*	4 198
aériens	*11 237*	*12 711*	-1 474
autres	*13 616*	*19 103*	-5 487
Voyages	40 431	35 412	5 019
Services de construction	2 930	2 057	873
Services d'assurance et de pension	3 529	5 519	-1 990
Services financiers	10 469	5 755	4 714
Services explicitement facturés et autres services financiers	*6 342*	*4 459*	1 883
Services d'intermédiation financière indirectement mesurés (SIFIM)	*4 126*	*1 296*	2 830
Commissions pour usage de propriété intellectuelle	13 578	12 959	619
Services de télécommunication, d'informatique et d'information	15 692	15 870	-178
Autres services aux entreprises	74 506	74 456	50

Services de recherche et développement	*11 262*	*12 986*	-1 724
Services professionnels et services de conseil en gestion	*17 007*	*17 798*	-791
Services techniques, services liés au commerce et autres services	*46 238*	*43 673*	2 565
Services personnels, culturels et relatifs aux loisirs	3 488	3 316	172
Services des administrations publiques	694	11	683
Compte des Revenus primaires	**162 232**	**111 470**	**50 762**
Rémunérations des salariés	20 885	1 437	19 448
Revenus des investissements	129 444	107 767	21 677
Investissements directs	*63 809*	*23 407*	40 402
Investissements de portefeuille	*54 401*	*72 358*	-17 957
Autres investissements	*10 685*	*12 002*	-1 317
Avoirs de réserve	*550*	-	550
Autres revenus primaires	11 903	2 266	9 637
Comptes des Revenus secondaires	**27 397**	**71 683**	**-44 286**
Secteur des administrations publiques	6 558	34 833	-28 275
Autres secteurs	20 839	36 850	-16 011
Transferts courants divers	*5 853*	*19 131*	-13 278
Envois de fonds des travailleurs	*539*	*9 782*	-9 243
2. COMPTE DE CAPITAL	**2 551**	**739**	**1 812**
Cessions d'actifs non financiers non produits	89	9	80
Transferts en capital	2 462	730	1 732
Capacité (+) / besoin (–) de financement			**-7 813**
	Avoirs	**Engagements**	**Net**
3. COMPTE FINANCIER	**179 255**	**191 425**	**-12 170**

Investissements directs	**39 991**	**42 369**	**-2 378**
Capital social	*17 972*	*28 685*	-10 713
Bénéfices réinvestis	*4 028*	*6 816*	-2 788
Autres opérations (prêts intragroupe)	*17 991*	*6 868*	11 123
Investissements de portefeuille	**51 038**	**4 591**	**46 447**
Actions et titres	1 463	10 028	-8 565
Banque Centrale	*183*		183
Administrations publiques	*232*		232
Institutions bancaires	*4 058*	*11 937*	-15 995
Autres secteurs	*5 106*	*1 909*	7 015
Titres de créance à long terme	60 992	22 194	38 798
Banque centrale	*21 950*	-	21 950
Administrations publiques	*412*	*27 462*	-27 050
Institutions bancaires	*23 920*	*18 333*	42 253
Autres secteurs	*14 710*	*13 065*	1 645
Titres de créance à court terme	-11 417	27 631	16 214
Banque centrale	*-14 512*	-	-14 512
Administrations publiques	*- 658*	*-16 998*	16 340
Institutions bancaires	*4 305*	*-12 035*	16 340
Autres secteurs	*-552*	*1 402*	-1 954
Instruments financiers dérivés	**139 397**	**128 586**	**10 811**
Banque centrale	-	-	*0*
Administrations publiques	-	-	*0*
Institutions bancaires	*-90 210*	*-93 345*	*3 135*
Autres secteurs	*229 607*	*221 931*	*7 676*
Autres investissements	**-58 341**	**15 879**	**-74 220**
Autres participations	1	-54	55
Banque centrale	-	-	0
Administrations publiques	*1*	*-54*	55
Institutions bancaires			

Autres secteurs			
Numéraires et dépôts	-39 560	-3 763	-35 797
Banque centrale	*11 801*	*-453*	12 254
Administrations publiques	*769*	*64*	705
Institutions financières monétaires	*-98 544*	*-3 374*	-95 170
Autres secteurs	*46 414*	-	46 414
Prêts	-18 022	21 961	-39 983
Banque centrale	*-4 115*	*-9 883*	5 768
Administrations publiques	*-2 748*	*94*	-2 842
Institutions financières monétaires	*-6 248*	-	-6 248
Autres secteurs	*-4 911*	*31 750*	-36 661
Crédits commerciaux et avances	5 426	6 393	-967
Autres comptes à payer/à recevoir	-6 244	-9 659	3 415
Banque centrale			
Administrations publiques			
Institutions financières monétaires	*-6 406*	*-9 913*	*3 507*
Autres secteurs	*162*	*254*	*-92*
Droits de tirage spéciaux	-		*0*
Réserve techniques d'assurance	58	1 001	-943
Avoirs de réserve	**7 170**	**-**	**7 170**
Or	8	-	8
Avoirs en droits de tirage spéciaux	65	-	65
Position de réserve au FMI	-1 311	-	-1 311
Autres avoirs de réserve	8 408	-	8 408
4. ERREURS ET OMISSIONS NETTES			**-4 359**

Source : Banque de France

M.2. LA POSITION EXTÉRIEURE GLOBALE (PEG)

La position extérieure globale décrit la valeur et la composition des actifs financiers et des engagements *(dettes)* entre les agents économiques résidents d'un pays et ceux du reste du monde. Les actifs financiers sont les avoirs du pays, dans le reste du monde et les engagements sont les avoirs du reste du monde sur les résidents du pays. La position extérieure globale fait le bilan des avoirs et des engagements à une période donnée *(cette période peut être l'année ou le trimestre, etc.)*. Ainsi définit la position extérieure globale s'apparente au compte financier de la balance des paiements. Elle reprend les mêmes cinq classes d'actifs qui sont:

1. Les Investissements directs
2. Les Investissements de portefeuille
3. Les Instruments financiers dérivés
4. Les Autres investissements
5. Les Avoirs de réserve.

Cependant, à la différence du compte financier de la balance des paiements qui retrace les flux *(variation entre les différentes catégories d'actifs et engagements entre deux périodes)*, la position extérieure globale donne le volume ou le stock de chacun de ces actifs ou engagements à une période donnée. A ce titre, le compte financier donne une explication de l'évolution de la position extérieure globale.

Si les investissements directs détenus par les résidents du pays sont de 10 en janvier 2015 et 20 en décembre 2015, alors le compte financier établi en décembre 2015 retiendra le flux de 10 *(20 moins 10)*. On dira que les avoirs détenus par les agents économiques résidents sur le reste du monde ont augmenté de 10. Cette augmentation peut être, soit le fruit d'acquisition de nouveaux actifs, soit de l'évolution du prix des actifs existants.

Dans la position extérieure globale de décembre 2015, on ne retiendra que les actifs détenus par les résidents sur le reste du monde, soit le chiffre de 20 qui est le stock des actifs financiers à cette date.

Le compte financier de la balance des paiements décrit donc les évolutions des actifs et engagements au cours d'une période donnée tandis que la position extérieure globale atteste du stock des actifs et des engagements à la fin de la période donnée. Le compte financier de la balance des paiements explique l'évolution de la position extérieure globale entre deux périodes et établit ainsi le lien entre la balance des paiements et la position extérieure globale.

Le solde entre les avoirs et les engagements de la position extérieure globale à la date donnée est la Position Extérieure Nette *(PEN)* ou Net International Investment Position *(NIIP)*.

La position extérieure nette reflète la situation patrimoniale nette du pays vis-à-vis de l'extérieur. La position extérieure nette peut être positive ou négative. Si elle est positive, cela signifie que le pays possède des actifs financiers dans le reste du monde. Si elle est négative, c'est le pays qui est financé par le reste du monde.

A ce titre, la position extérieure nette permet d'identifier immédiatement le stock de l'endettement extérieur du pays et évaluer sa soutenabilité. Il est aussi possible d'indiquer le niveau d'endettement par type d'agent économique résident (entreprises financières, entreprises non financières, ménages, gouvernement).

Tableau 25 : exemple de Position Extérieure Globale : Maroc 2017 (en millions de dirhams)

RUBRIQUES	Actif	Passif	Solde
Investissements directs	**49 919**	**589 368**	**-539 448**
Titres de participation et parts de fonds communs de placement	**44 558**	**538 569**	**-494 011**
Investissements directs dans des entreprises	44 558	538 569	-494 011
Instruments de dette	**5 362**	**50 799**	**-45 437**
Créances de l'investisseur direct sur les EID	5 362	50 799	-45 437
Investissements de portefeuille	**11 693**	**110 041**	**-98 349**
Titres de participation et parts de fonds communs de placement	**10 614**	**32 993**	**-22 379**
Banque Centrale			-
Institutions de dépôts autres que la Banque Centrale	512	13 571	-13 058
Administrations publiques			-
Autres secteurs	10 101	19 422	-9 321
Autres sociétés financières	*3 985*	*1 112*	*2 873*
Sociétés non financières, ménages et ISBLSM (Institution sans but lucratif au service des ménages)	*6 116*	*18 310*	*-12 194*
Titres de créance	**1 079**	**77 049**	**-75 969**
Institutions de dépôts autres que la banque centrale	1 036	3 345	-2 309
Administrations publiques	-	45 570	-45 570
Autres secteurs	43	28 134	-28 091
Autres sociétés financières	*43*	-	*43*
Sociétés non financières, ménages et ISBLSM	-	*28 134*	*-28 134*

Dérivés financiers (autres que réserves) et stock-options des employés	**245**	**320**	**-75**
Autres investissements	**76 868**	**388 225**	**-311 357**
Autres titres de participation	**2 016**	**-**	**2 016**
Numéraire et dépôts	**48 292**	**35 727**	**12 566**
Banque Centrale	609	3 455	-2 846
Institutions de dépôts autres que la Banque Centrale	44 464	32 272	12 193
Administrations publiques			
Autres secteurs	3 219	-	3 219
Autres sociétés financières	*1 224*	-	*1 224*
Sociétés non financières, ménages et ISBLSM	*1 995*	-	*1 995*
Prêts	**469**	**286 718**	**-286 250**
Institutions de dépôts autres que la banque centrale	469	3 517	-3 048
Administrations publiques	-	107 917	-107 917
Autres secteurs	-	175 284	-175 284
Autres sociétés financières	-	*868*	*-868*
Sociétés non financières, ménages et ISBLSM	-	*174 416*	*-174 416*
Assurance, pension et dispositifs de garanties standardisées			
Banque Centrale			
Institutions de dépôts autres que la Banque Centrale			
Administrations publiques			
Autres secteurs			
Autres sociétés financières			
Sociétés non financières, ménages et ISBLSM			

Crédits commerciaux et avances	**26 092**	**58 321**	**-32 229**
Banque Centrale	-	-	-
Institutions de dépôts autres que la Banque Centrale	-	-	-
Administrations publiques	-	-	-
Autres secteurs	26 092	58 321	-32 229
Autres sociétés financières	-	-	-
Sociétés non financières, ménages et ISBLSM	*26 092*	*58 321*	*-32 229*
Autres comptes à recevoir/à payer			
Banque Centrale			
Institutions de dépôts autres que la Banque Centrale			
Administrations publiques			
Autres secteurs			
Autres sociétés financières			
Sociétés non financières, ménages et ISBLSM			
Droits de tirage spéciaux (allocations)	**-**	**7 459**	**-7 459**
Autres comptes à recevoir / à payer	**-**	**-**	**-**
Avoirs de réserve	**244 336**		**244 336**
Or monétaire	8 597		8 597
Droits de tirage spéciaux	7 213		7 213
Position de réserve au FMI	1 953		1 953
Autres avoirs de réserve	226 573		226 573
TOTAL DES ACTIFS/PASSIFS	**383 061**	**1 087 955**	**-704 893**

Source : Banque Centrale du Maroc (*Bank Al-Maghreb)*

La position nette extérieure dans cet exemple est négative et signifie que ce pays est financé par le reste du monde. Le solde de l'endettement des agents économiques est détaillé.

Maintenant que les notions de balance des paiements et de position extérieure globale sont connues, il ne reste plus qu'à étudier les implications économiques liées aux soldes de leurs différents comptes et les options économiques rattachées. Il est noté que la balance des paiements et la position extérieure globale sont établies par la Banque Centrale du pays et/ou de l'Union monétaire, lorsqu'il s'agit d'un regroupement monétaire.

M.3. ANALYSE DES COMPTES EXTÉRIEURS

La balance des paiements et la position extérieure globale sont les principaux documents qui retracent les relations économiques et financières entre un pays et le reste du monde.

L'addition des soldes du compte courant et du compte du capital mesure la capacité de financement ou le besoin de financement du pays. Si cette somme est négative, alors le pays en situation de besoin de financement. Si elle est positive, le pays est en capacité de financement.

Ce besoin ou cette capacité de financement est reflété dans le compte financier. Le besoin de financement sera couvert par les engagements du pays envers le reste du monde qui seront alors plus élevés que les avoirs du pays dans le reste du monde. En situation de capacité de financement, ce sera le contraire avec des engagements moindres et des avoirs plus élevés.

Le compte courant est largement influencé par ses sous-comptes des biens et des services dont le solde cumulé donne la balance du commerce extérieur du pays ou simplement la balance commerciale *(BC)*. La balance commerciale donne la direction du compte courant. Si elle est déficitaire, alors le compte courant sera déficitaire et vice versa.

Les opérations du compte de capital sont relativement faibles. Il en est de même pour les comptes de revenus primaires et secondaires. Ainsi donc la balance commerciale qui oriente la direction du solde du compte courant est finalement le solde qui indique généralement le besoin ou la capacité de financement du pays.

Si la balance commerciale est la source du besoin ou de la capacité de financement du pays, alors c'est ce solde qui est reflété par le compte financier. La balance commerciale est donc la principale information économique de la balance des paiements. Tout le reste est fonction de l'orientation de la balance commerciale y compris la position extérieure globale. Par conséquent l'étude de la balance des paiements est avant tout l'étude de la balance commerciale.

Une balance commerciale est soit déficitaire ou excédentaire. Elle peut aussi être nulle, ce qui reste une possibilité très faible. Elle est déficitaire si les importations sont supérieures aux exportations des biens et services. Elle est excédentaire dans le cas contraire.

Quelles sont alors les causes et les conséquences de l'orientation de la balance commerciale et les politiques de gestion économique appropriées?

a) LES FACTEURS ÉCONOMIQUES EXPLICATIFS DE L'ORIENTATION DE LA BALANCE COMMERCIALE

La direction de la balance commerciale peut être influencée tant par des considérations structurelles que conjoncturelles.

➢ LES FACTEURS STRUCTURELS

La productivité : La productivité mesure la quantité de produits obtenue pour une quantité donnée de facteurs de production *(travail ou capital)*. On dira par exemple d'un pays qu'il a une meilleure productivité qu'un autre si pour la même quantité d'heures de travail, il produit plus de biens. Si la Côte d'Ivoire produit une tonne de cacao à l'hectare et que le Cameroun en produit la moitié pour la même superficie, on dira que la Côte d'Ivoire a un meilleur taux de productivité que le Cameroun.

Ainsi un pays avec un meilleur taux de productivité est plus susceptible de produire plus. Ceci augmente sa capacité de vente au-delà de ses frontières. Ce pays peut donc exporter une partie de sa production. Par conséquent, la probabilité que ce pays ait une balance commerciale positive est plus élevée. Le pays qui produit moins par facteur de production engagé sera plus enclin à avoir une balance commerciale négative.

La compétitivité : La notion de compétitivité renvoie à celle du prix. Un pays qui produit plus par facteur de production est un pays qui peut vendre moins cher et est donc plus compétitif au plan du commerce international. Il aura tendance à avoir une balance commerciale positive tandis que le pays moins compétitif s'en sortira avec une balance commerciale négative. Le manque de compétitivité peut être dû à la faible productivité, à l'inflation ou au taux de change de la monnaie nationale.

L'épargne et l'investissement : La capacité du pays à épargner influence fortement sa propension à investir. Si les citoyens préfèrent consommer plus qu'épargner, le pays n'aura pas les ressources financières suffisantes pour investir. Ce pays aura alors une balance commerciale négative non seulement, parce qu'il ne pourra pas produire suffisamment *(productivité)*, à moindre coût *(compétitivité)*, mais aussi parce que la forte préférence des citoyens à consommer les conduira demander plus de biens et services que le pays ne peut produire. Par contre, un pays avec un fort taux d'épargne qui facilite l'investissement aura une balance commerciale positive. On l'aura remarqué, la plupart des pays asiatiques avec des fort taux d'épargne, en moyenne autour de 40 %, ont des balances commerciales positives.

L'éducation et la recherche scientifique : Les ressources humaines bien formées et l'innovation technologique générée par la recherche et le développement conduisent à une meilleure productivité et à une meilleure compétitivité. Les produits provenant de ce type de pays sont fortement demandés par le reste du monde. Cela contribue à les doter de balances commerciales positives. Les pays qui négligent l'éducation et la recherche scientifique par contre auront des balances commerciales négatives.

➢ **LES FACTEURS CONJONCTURELS**

Au-delà des facteurs structurels, la conjoncture économique peut influencer aussi la direction de la balance commerciale.

La croissance économique : Le boom économique peut aussi bien aboutir à une croissance plus élevée des importations *(biens* *et services de consommation pour les ménages, biens et services de production pour les entreprises)* au détriment des exportations. L'influence sur la direction de la balance commerciale dépendra au final des autres mesures d'ordre fiscal ou monétaire adoptées par le gouvernement. En effet, si la croissance aboutit à une « *surchauffe* » de l'économie, le gouvernement aura tendance à appliquer une politique fiscale et monétaire restrictive *(voir Policy Mix)*. Dans ce cas, les importations auront tendance à baisser et la balance commerciale sera positive.

Par ailleurs si la croissance est au ralenti dans le reste du monde, alors les exportations du pays seront faibles et la balance commerciale pourrait être négative.

Les cours des matières premières : Si le pays est un exportateur de matières premières, alors sa balance commerciale suivra le sens des cours de ces matières premières. En situation de hausse des prix, la balance commerciale aura une tendance positive. En situation de baisse, elle sera impactée négativement.

Le taux de change : le taux de change est le prix de la monnaie nationale par rapport à une autre monnaie. Le pays qui achète les produits en provenance du Togo aura besoin de la monnaie togolaise pour conclure ses transactions. A titre illustratif, on suppose ici que le Togo a une monnaie nationale dans laquelle elle facture ses exportations. Ainsi, si le taux d'acquisition de la monnaie du Togo est élevé, cela va se traduire par une hausse du prix de la marchandise en provenance de ce pays. Par conséquent, l'acheteur aura tendance à délaisser cette marchandise. Les exportations du Togo en souffriront et auront une influence négative sur la balance commerciale. Par contre si le taux de change de la monnaie togolaise est faible ou acceptable pour l'acheteur des produits togolais, alors ce dernier sera plus enclin à se fournir sur ce marché. Il y aura donc une augmentation des exportations togolaises avec une influence positive sur la balance commerciale. Le taux de change influe aussi sur les importations. Un taux de change élevé rend les importations plus accessibles avec une influence négative sur la balance commerciale. En effet, le fort taux de change de la monnaie nationale rend les prix des biens et services exprimés dans la monnaie étrangère plus faible.

A contrario, un faible taux de change de la monnaie nationale rend les importations plus chères et donc influence positivement la balance commerciale.

b) LES CONSEQUENCES ECONOMIQUES DU SOLDE DE LA BALANCE COMMERCIALE

La balance commerciale est soit excédentaire ou déficitaire. Selon qu'elle est excédentaire ou déficitaire, les répercussions économiques sont les suivantes.

> **LES CONSÉQUENCES D'UNE BALANCE COMMERCIALE DÉFICITAIRE**

- ✓ Stagnation des secteurs économiques tournés vers l'exportation *(baisse des bénéfices des entreprises, baisse des recettes fiscales pour l'État et perte d'emplois);*
- ✓ Stagnation des secteurs économiques locaux en concurrence directe avec les importations avec les mêmes effets cités plus haut ;
- ✓ Baisse des réserves de changes *(les monnaies étrangères acceptées comme monnaie de facturation dans le commerce international ou devises)* : les réserves de changes proviennent essentiellement des exportations. Une balance commerciale négative signifie une entrée moindre des réserves de change dans le pays. Ceci est d'autant plus problématique que le pays est un importateur net. Ainsi pour continuer à financer ses importations, ce pays *(sa Banque Centrale)* devra acheter des réserves de change en vendant la monnaie locale. Ce qui aura pour conséquence de baisser le taux de change de la monnaie locale avec un risque de forte dépréciation qui rendrait tout investissement dans le pays non attractif, spéculatif et renchérirait le service de la dette extérieure. La baisse du taux de change rendrait les importations plus onéreuses avec des risques inflationnistes. Pour juguler cette inflation, la Banque Centrale aura tendance à remonter le taux d'intérêt directeur, ce qui pénaliserait les investissements locaux.

> **LES CONSÉQUENCES D'UNE BALANCE COMMERCIALE EXCÉDENTAIRE**

- ✓ L'excédent commercial fait croître les activités des entreprises exportatrices, les revenus de l'État et l'emploi.

- ✓ Le pays investit ses excédents de ressources à l'extérieur et reçoit des intérêts et dividendes pour ces investissements.
- ✓ Tout ceci se traduit généralement par une croissance économique soutenue (*cas de l'Allemagne et de la Chine qui sont structurellement en excédent commercial*).

c) LES STRATÉGIES DE GESTION DE LA BALANCE COMMERCIALE

L'objectif général recherché pour un pays est de réduire les importations et augmenter les exportations. Plusieurs approches sont possibles. On peut les classer en deux catégories. Ce sont les stratégies de court terme et de long terme.

➢ LES STRATÉGIES DE COURT TERME

- ✓ **La pression à la baisse sur la demande**: la forte demande de biens et services généralement constatée en situation de forte croissance économique aboutie à une explosion des biens importés. Pour réduire cette demande et en lien avec les objectifs de maîtrise de l'inflation, le gouvernement peut appliquer une politique fiscale et/ ou monétaire restrictive. La hausse des impôts et taxes et des taux d'intérêt se traduiront par une baisse de la demande des biens et services, ce qui impactera aussi les biens importés. Naturellement, il faut un parfait dosage car la hausse des taux d'intérêt peut aboutir à un renchérissement du taux de change, ce qui pénaliserait les exportations avec la hausse induite du taux de change. En effet, plus les investisseurs qui souhaitent bénéficier de la hausse des taux d'intérêt demandent la monnaie du pays, plus le taux de change de cette monnaie monte.
- ✓ **La gestion du taux de change :** plus le taux de change de la monnaie du pays importateur est faible, plus les prix des biens importés sont élevés. Le taux de change d'une monnaie par rapport à une autre monnaie est dit faible quand il faut plus de quantité de la première monnaie pour obtenir la même quantité de la deuxième monnaie. On dira par exemple que le FCFA est faible par rapport au Dollar si pour 1 Dollar, il faut débourser 500 FCFA au lieu de 250 FCFA. Si le Jean Levi's américain est vendu à 1 dollar, il faudra que l'Ivoirien qui désire l'acheter débourse 500 FCFA au lieu de 250 FCFA. Le

décaissement par l'Ivoirien d'une quantité plus importante de FCFA pour obtenir le bien en question le découragera. Ceci contribuera à baisser le volume des importations. Ainsi, pour améliorer la balance commerciale, la Banque Centrale du pays peut décider de faire baisser le taux de change de la monnaie nationale pour réduire les importations et booster les exportations. Lorsque cette opération de réduction du taux de change se fait de manière administrative, on parle de dévaluation de la monnaie. Lorsqu'elle se fait par le canal du marché des changes, on parle de dépréciation de la monnaie.

- ✓ **Le protectionnisme :** Le protectionnisme consiste à élever des barrières tarifaires *(droit de douanes, quotas, autres taxes diverses)* et non tarifaires *(contrôles sanitaires et autres normes)* aux flux des échanges commerciaux en vue de réduire les importations. La récente actualité sur la guerre commerciale entre les USA, L'Europe et la Chine nous renseigne suffisamment sur ce point. Cependant, le protectionnisme est un outil délicat à mettre en œuvre car il entraîne automatiquement la réaction du partenaire commercial indexé. Si ce partenaire est plus fort, en ce sens qu'il peut se passer de vos produits, alors le pays qui déclenche la spirale protectionniste en souffrira. Si les deux pays en guerre commerciale sont d'égale valeur, ils se neutraliseront et finiront par trouver un accord commercial qui arrange les deux parties *(cas des négociations en cours entre les USA et la Chine après une série de hausses des tarifs)*.

➢ LES STRATÉGIES DE LONG TERME

Ces stratégies concernent les changements profonds à apporter au système de production du pays. Elles portent essentiellement sur l'amélioration durable du climat des affaires, l'éducation et la santé.

On peut citer les stratégies suivantes parmi la multitude possible:

- ✓ **La multiplication des infrastructures de transport** : construire des routes, ports, aéroports, chemins de fer, etc. pour faciliter la mobilité des biens et des personnes ;

- ✓ **L'accroissement des ressources énergétiques :** investir dans les sources d'énergie traditionnelle et nouvelle pour varier et améliorer l'offre de l'énergie et réduire le coût de production des industries ;
- ✓ **L'encadrement des petites entreprises et les industries nationales :** favoriser l'émergence des start-ups à vocation exportatrice, développer des champions nationaux et les industries de substitution des importations, etc. ;
- ✓ **L'amélioration de l'accès au financement en vue de conquérir les marchés nationaux et internationaux :** créer ou encourager la création de banques locales, favoriser l'implantation des organismes financiers internationaux, mettre en place de fonds souverains, etc. ;
- ✓ **L'amélioration de la transparence et l'efficacité du système judiciaire et de l'administration publique** : mettre la justice au service du système de production, établir des contrats de performance dans toute l'administration *(combattre la corruption et promouvoir la gestion axée sur les résultats et la résolution rapide des conflits)* ;
- ✓ **La promotion de la démocratie et d'un climat politique apaisé** : favoriser la libre expression des opinions diverses pour réduire les risques d'affrontements politiques et baisser le *« risque pays »*, ce qui encouragera les investissements de long terme ;
- ✓ **La promotion de la culture et du cadre de vie** : ce qui favorise des activités sociales dynamiques et une qualité de la vie supérieure ;
- ✓ **L'investissement massif dans l'éducation, la recherche scientifique et la santé** : doter le pays d'un capital humain de haut niveau pour faciliter l'innovation, la productivité et la compétitivité.

Si un pays avec une balance commerciale excédentaire est généralement en pleine croissance économique, peut-on alors conclure que celui qui a une balance commerciale déficitaire est à contrario en souffrance ?. Difficile à dire. On peut tout au moins affirmer que ce pays est endetté vis-à-vis du reste du monde. Ainsi la question essentielle est : quel usage est fait de cet endettement et comment est-il structuré ?

Si l'endettement extérieur sert à pallier le déficit de l'épargne locale et est investi sagement *(et non détourné)* dans les secteurs structurants comme les infrastructures, les réformes économiques d'envergure de modernisation de l'économie, alors ce pays deviendra à moyen et long terme un exportateur net.

Si l'endettement extérieur prend plus la forme d'investissement direct étranger dans la structure de production du pays, au lieu d'investissement de portefeuille *(investissement spéculatif sur les marchés financiers),* ou de financement de déficit budgétaire public, alors la probabilité d'améliorer la position commerciale du pays sera renforcée.

Un pays comme les États-Unis qui a une balance commerciale structurellement déficitaire a le taux de croissance du PIB *(2,7 %)* le plus élevé du monde occidental en 2017. C'est véritablement un pays de plein emploi avec un taux de chômage de 4,1 %. Le déficit commercial est financé par un afflux de capitaux qui sont investis dans la structure de production et financent cette croissance.

Les pays africains dont les balances commerciales sont généralement déficitaires gagneraient à rendre la dette extérieure plus efficace et plus productive.

N. L'IMPACT DE LA DETTE SUR LA CROISSANCE ÉCONOMIQUE EN AFRIQUE

Si la dette permet en partie de financer la forte croissance des USA, qu'en est-il de l'Afrique ?

L'exemple de la Côte d'Ivoire permet d'illustrer cette situation

Les deux graphiques ci-après permettent d'étudier la question. La période couverte part de 1960 et se termine en 2016. Ces graphiques comparent (1) l'évolution du taux de croissance et du taux d'endettement et (2) l'évolution du revenu par habitant et le taux d'endettement. Les chiffres sont en franc constant pour annihiler les effets inflationnistes sur différentes périodes.

Graphique 7: impact général de la dette sur la performance de l'économie ivoirienne de 1960 à 2016.

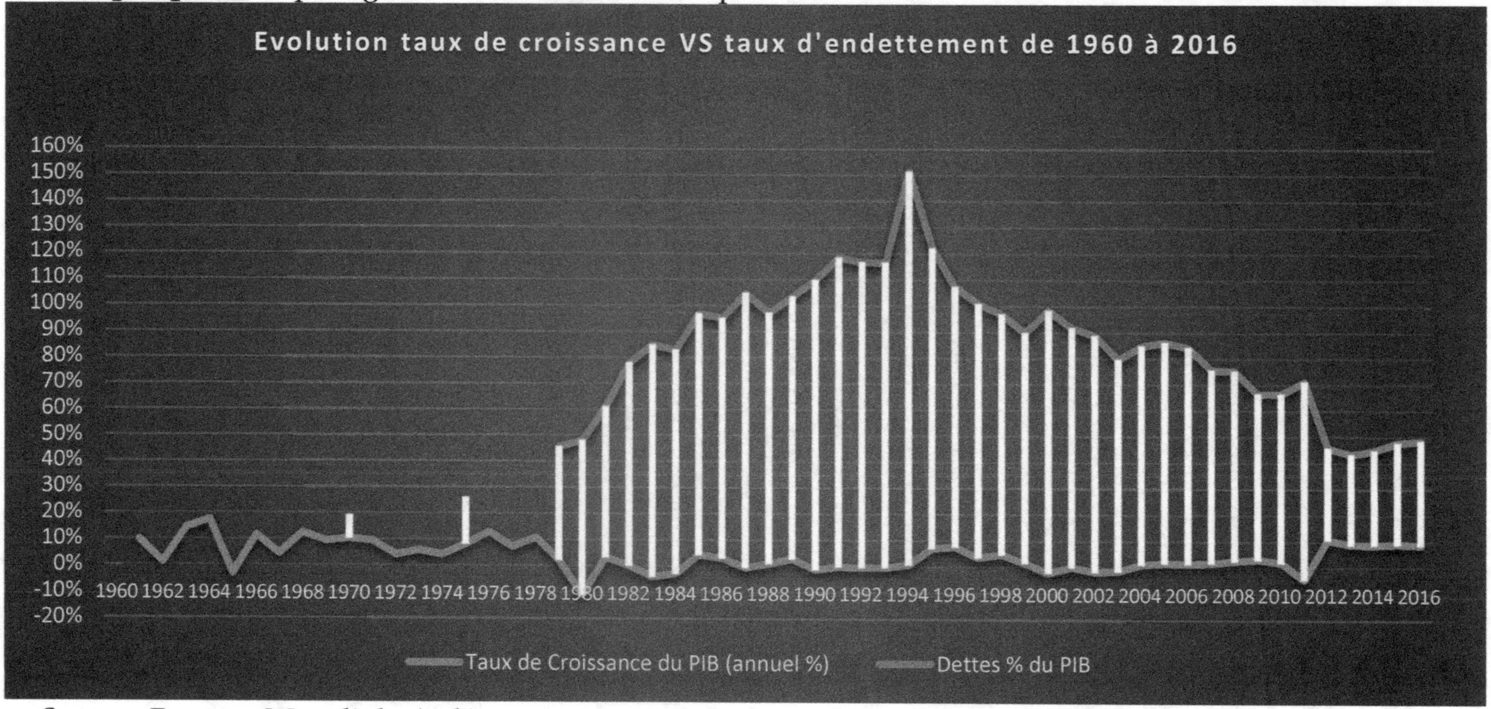

Source : Banque Mondiale *(wdi)*

Les constats sont les suivants:

- ✓ De 1960 à 1970, la Côte d'Ivoire n'est pas un pays endetté. La croissance du PIB est forte et régulière avec une moyenne de 10 % et même un pic de 17 % en 1964 même si on assiste à une décrue à moins 3 % en 1965. En 1964/65, il y avait des tensions politiques dans le pays. Comme quoi, répression et performance économique ne font jamais bon ménage ;
- ✓ À partir de 1970, avec la croissance des revenus tirés de la hausse exceptionnelle des cours du café et cacao, la Côte d'Ivoire veut accélérer son développement et se lance dans l'endettement tous azimuts. Résultats des courses ; le taux d'endettement passe de 19 % du PIB en 1970 à 48 % en 1980 et ne cesse de croître durant les décennies suivantes pour atteindre le niveau record de 151 % en 1994. Ainsi que le montre le graphique, plus le taux d'endettement est élevé, plus le taux de croissance économique baisse. Ceci est une hérésie. En effet, l'accroissement de la dette étant un surplus de capital, normalement, la croissance devait suivre. Or c'est tout le contraire qui est observé. La raison est toute simple. La dette a été investie dans des investissements insuffisamment productifs. Le remboursement est donc un fardeau qui pèse sur l'activité économique qui se rétrécit ;
- ✓ À partir de 1994, les bailleurs de fonds *(France, Banque mondiale, FMI, etc.)* décident que les ajustements structurels internes *(baisse des dépenses publiques, vérité des prix, etc.)* proposés depuis 1980 ne sont pas opérants et décident d'un ajustement externe. C'est la dévaluation. Dans la foulée, la Côte d'Ivoire est éligible à l'initiative IPPTE *(Initiative pays pauvres très endettés)*. Dès lors la dette baisse progressivement jusqu'au point d'achèvement en juin 2012 avec la remise de près de 80 % de la dette extérieure du pays. À partir de cette période, le taux de croissance remonte. Le taux de croissance est de 10 % en 2012.
- ✓ De 2012 à 2016, le taux de croissance décélère alors que le taux d'endettement augmente. On tire la même que les périodes précédentes. La nouvelle dette n'a pas été investie dans des

opérations rentables ou, pour être optimiste, n'a pas encore produit le retour sur investissements escompté ;

- ✓On peut le voir, il y'a une relation négative directe entre l'endettement et la performance économique du pays. La raison est simple. Les produits de la dette ne font pas l'objet d'investissements rentables et donc sa gestion *(remboursement du principal et des intérêts)* pèse lourdement sur l'économie *(augmentation des impôts, faible investissement dans la santé et l'éducation).*

Le graphique suivant confirme la description faite ci-dessus.

<u>Graphique 8:</u> impact de la dette sur le revenu moyen par habitant de 1960 à 2016.

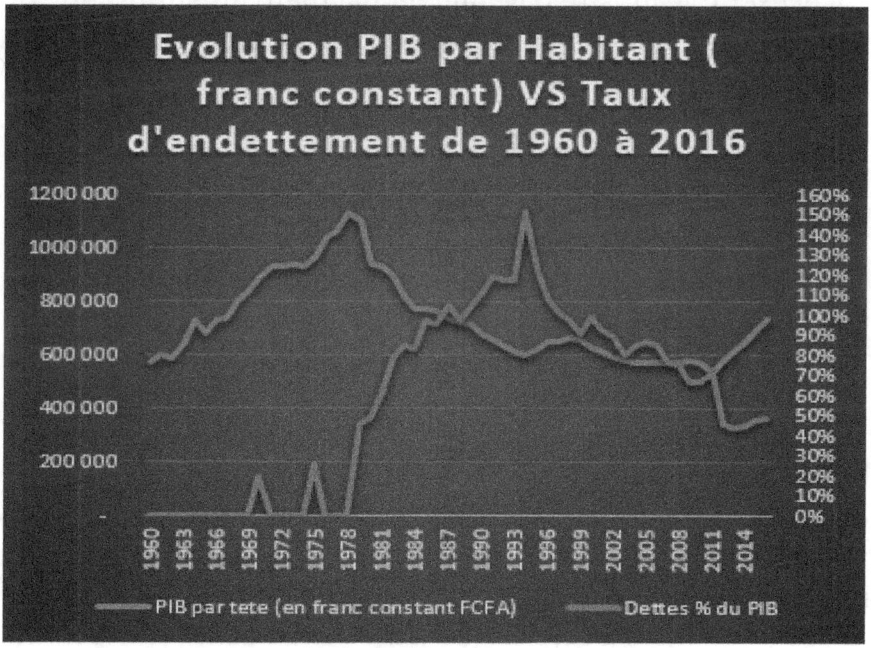

<u>Source</u> : Banque Mondiale (wdi)

- ✓ Au lendemain de l'Indépendance avec quasiment une dette nulle, le revenu par tête augmente régulièrement ;
- ✓ Ce revenu baisse à partir des années 1970 quand la courbe de l'endettement commence à monter ;

✓ Dès 1984/85, la descente de la courbe du revenu par tête est si forte qu'elle croise celle de la dette qui grimpe ;
✓ Depuis cette période, la courbe du revenu baisse quand celle de la dette augmente ;
✓ Au milieu des années 2000, avec le début du processus de réduction de la dette du pays dans le cadre de l'IPPTE, la courbe de la dette commence à baisser ;
✓ C'est seulement avec le point d'achèvement de l'IPPTE en 2012 qui a permis de réduire la dette extérieure du pays de 80 % que le revenu par tête s'est relevé. Cependant, dès 2014, on constate une montée de la courbe de la dette avec un fléchissement de la courbe du revenu par tête.

Ainsi, aussi simplement qu'on peut le voir, quand la dette augmente, le revenu moyen de l'Ivoirien baisse.

Cet exemple illustre parfaitement la mauvaise utilisation de la dette. Elle devrait en principe aboutir à un accroissement du revenu par tête. Ce n'est pas le cas.

La Côte d'Ivoire n'est pas le seul pays à souffrir de ce profil d'endettement. C'est le lot de la plupart des pays africains. La preuve, l'initiative PPTE a concerné presque tout le Continent. La dette n'est pas gérée efficacement en Afrique.

Les populations africaines devraient fortement s'intéresser à la gestion de la dette par leurs gouvernements. Il est tout à fait nécessaire et fort utile que le citoyen s'inquiète de son avenir quand le taux d'endettement commence à enfler. En effet, une dette n'est jamais remboursée par les gouvernants du moment *(les délais de remboursement sont très longs)*. Elle est toujours un legs. Si le pouvoir du moment la gère bien, alors la génération suivante sera bien lotie. Si c'est le contraire, le niveau de vie peut être hypothéqué avec la contraction de l'activité économique et ses conséquences sociales *(chômage, criminalité, et prostitution, etc.)*.

Après avoir décrit les comptes extérieurs et analysé l'impact de leurs soldes, il faut disséquer maintenant le moteur des échanges internationaux. C'est le régime de change.

O. LE RÉGIME DE CHANGE

Le régime de change se définit comme l'ensemble des règles par lesquelles un pays ou un ensemble de pays organisent la détermination du taux de change entre leur monnaie et celles des autres pays.

Le taux de change est le cours ou le prix de la monnaie nationale par rapport à une autre monnaie. C'est à ce taux que la monnaie nationale est échangée avec une autre monnaie. Il existe autant de taux de change que de monnaies. Le dollar par exemple peut être exprimé en fonction des diverses monnaies existantes.

De manière générale, le taux de change entre deux monnaies se présente de la manière suivante :

Monnaie A/Monnaie B= X,yyyy

Ceci se lit de la manière suivante : Une unité de la monnaie A est égale à X,yyyy quantités de la monnaie B.

Si l'on prend le taux de change entre l'Euro, la monnaie européenne et le FCFA (XOF), la monnaie de l'espace BCEAO, on a l'égalité suivante.

Euro /XOF (FCFA BCEAO) =655,9570, ce qui revient à dire que 1Euro est égal à 655,9570 FCFA.

Si le taux de change du FCFA est exprimé en fonction de l'Euro, alors on aura l'égalité suivante :

XOF (FCFA)/ Euro = 0,0015, ce qui revient à dire que 1FCFA est égal à 0,0015 Euro.

La convention de présentation du taux de change exige 4 chiffres après la virgule.

Il existe deux grandes familles de régime de change. Il y a le régime de change flexible ou flottant et le régime de change fixe.

Dans un régime de change flottant, le taux de change de la monnaie nationale est déterminé par l'offre et la demande de cette monnaie exprimée par les opérateurs économiques privés *(banques, investisseurs privés, traders, importateurs et exportateurs)* qui opèrent sur le marché des changes.

Le marché des changes est le marché financier sur lequel l'on n'échange que les monnaies ou devises.

Dans le régime de change fixe, le cours de la monnaie nationale est déterminé de manière administrative par les pouvoirs publics, notamment la Banque Centrale.

Bien qu'il soit admis que le taux de change dans un régime de change flottant soit déterminé par les forces du marché des changes, la Banque Centrale y intervient pour recadrer le taux de change et le faire évoluer en conformité avec ses objectifs de politique monétaire.

Ceci est également vrai dans le cadre du régime de change fixe ou la Banque Centrale est obligée d'intervenir pour soutenir le niveau du taux de change fixe prédéfini pour qu'il demeure intact.

Le taux de change et l'intervention de la Banque Centrale sur le marché des changes dans un cas comme dans l'autre ont des conséquences importantes sur la compétitivité et la bonne tenue générale de l'économie. C'est donc un sujet crucial qu'il faut connaître. Par ailleurs, les questions récurrentes sur la gestion du FCFA ou de manière générale, la gestion des monnaies africaines trouvent leurs réponses dans la connaissance du régime de change.

O.1. RÉGIME DE CHANGE FLOTTANT ET POLITIQUES MACROÉCONOMIQUES

Le chapitre 2 a étudié l'impact des politiques macroéconomiques sur le taux de croissance du PIB, l'inflation et l'emploi. C'était dans un cadre simplifié que les économistes appellent l'économie fermée. Or aucune économie n'est fermée de nos jours. Nous sommes à l'ère de la mondialisation qui implique les mouvements transfrontaliers incessants des biens et des capitaux.

Il convient alors d'analyser l'impact des politiques économiques publiques sur le PIB, le taux de change et le compte courant *(solde de la balance commerciale plus solde du compte des revenus)* en économie ouverte. Le taux de change influence fortement la mobilité des biens et des capitaux en économie ouverte.

a) POLITIQUE MONÉTAIRE EXPANSIVE ET IMPACT SUR LE PIB, LE TAUX DE CHANGE ET LE COMMERCE INTERNATIONAL EN RÉGIME DE CHANGE FLOTTANT

La politique monétaire est dite expansive si elle aboutit à l'accroissement de la masse monétaire. Elle est mise en œuvre pour booster l'économie en encourageant la demande des ménages et l'investissement des entreprises avec des taux d'intérêt bas.

La succession des évènements suivants décrit le fonctionnement de l'économie avec une politique monétaire expansive en régime de change flottant.

- ✓ **L'impact sur le PIB :** La hausse de la masse monétaire induit la baisse des taux d'intérêt. Ceci encourage les investissements des entreprises et les demandes de crédit à la consommation des ménages. Cela se solde par une augmentation du PIB ;
- ✓ **L'impact sur le taux de change :** La baisse des taux d'intérêt rend les actifs financiers du pays *(bons du trésor, compte d'épargne, etc.)* moins attractifs pour les investisseurs étrangers et nationaux. Ces derniers, soit liquident leurs actifs exprimés dans la monnaie locale, soit n'en font pas de nouvelle demande. Lorsqu'ils se débarrassent des actifs financiers locaux sur le marché monétaire *(où s'échangent ces actifs)* ils vendent parallèlement sur le marché des changes *(où s'échangent les monnaies)* la monnaie locale pour acquérir une monnaie étrangère. Cette vente de la monnaie nationale se solde par la baisse de son prix, c'est-à-dire le taux de change ;
- ✓ **L'impact sur le compte courant** : La baisse du taux de change rend les exportations du pays plus attractives *(le taux de change étant faible, il faut une quantité moindre de cette monnaie pour acheter les biens et services provenant de ce pays)*. Les importations sont rendues plus chères *(avec le taux de change bas, il faut plus de quantité de la monnaie nationale pour acheter des biens et services en provenance de l'étranger)*. La combinaison

de ces deux éléments entraine une amélioration de la balance commerciale et par conséquent du compte courant.

La politique monétaire expansive contribue donc à la croissance du PIB, notamment par l'intermédiaire de la baisse du taux d'intérêt, du taux de change et la croissance des exportations. Ceci permet de créer plus d'emplois et améliorer le niveau de vie.

Ce taux de change sera-t-il permanent ? Tout dépendra de la politique monétaire de la Banque Centrale. C'est ici que commencent les spéculations ou anticipations qui font bouger le marché des changes en régime de change flottant.

Il a été déjà expliqué qu'une politique monétaire expansive ou accommodante débouche en général sur une croissance inflationniste. Alors la question qui se pose pour les acteurs du marché des changes est : L'économie a-t-elle déjà atteint ou non son taux de croissance idéal au-delà duquel, apparaissent les tensions inflationnistes? Si la réponse est non, la politique monétaire expansive de la Banque Centrale continuera, si la réponse est oui, alors par crainte de l'inflation, la Banque Centrale va commencer à restreindre la masse monétaire en haussant les taux directeurs et en exhibant sa panoplie d'instruments de réduction de la demande de la monnaie.

Si les analyses des acteurs économiques débouchent sur le oui, c'est-à-dire que le taux de croissance du PIB a atteint son niveau idéal et que toute continuation de la politique monétaire expansive risque d'entrainer l'inflation, alors ils vont anticiper sur une hausse du taux d'intérêt. Puisque la hausse des taux d'intérêt débouche sur la hausse du taux de change de la monnaie locale, les acteurs vont anticiper et l'acheter avant que la hausse ne survienne. Ces opérations aboutissent effectivement au renchérissement du cours de la monnaie nationale.

Si les estimations tablent sur le non, alors ils vont anticiper une continuation de la politique monétaire expansive et une baisse continue du taux de change et vont vendre la monnaie locale dont le cours continuera à baisser.

Ces différentes décisions des opérateurs vont entrainer une volatilité permanente sur la monnaie nationale et impacter dans un sens comme dans l'autre son taux.

b) POLITIQUE MONÉTAIRE RESTRICTIVE ET IMPACT SUR LE PIB, LE TAUX DE CHANGE ET LE COMMERCE INTERNATIONAL EN RÉGIME DE CHANGE FLOTTANT

La politique monétaire restrictive est l'inverse de la politique monétaire expansive et entraine les effets contraires de ceux décrits plus haut. En résumé, on aura la situation suivante :

- ✓ **L'impact sur Le PIB:** la baisse de l'offre de monnaie occasionnée par la hausse des taux d'intérêt entraine un renchérissement du coût des investissements des entreprises et des crédits à la consommation des ménages. Ceci conduit à une baisse du PIB ;
- ✓ **L'impact sur le taux de change:** La hausse des taux d'intérêt rend les actifs financiers locaux attractifs, ce qui augmente la demande de la monnaie locale de la part des investisseurs. Cette hausse de la demande induit une hausse du taux de change de la monnaie nationale ;
- ✓ **L'impact sur le compte courant:** La hausse du taux de change rend les exportations plus onéreuses et les importations plus accessibles. Ceci se traduit par une détérioration de la balance commerciale et donc du compte courant.

La politique monétaire restrictive réduit la croissance du PIB, accroit le taux de change et détériore le compte courant.

Ces résultats sont analysés par les acteurs du marché des changes qui forment leurs anticipations sur les prochaines actions de la Banque Centrale selon la même grille d'analyse décrite plus haut.

c) POLITIQUE FISCALE EXPANSIVE ET IMPACT SUR LE PIB, LE TAUX DE CHANGE ET LE COMMERCE INTERNATIONAL EN RÉGIME DE CHANGE FLOTTANT

La politique fiscale expansive consiste à augmenter les dépenses publiques et/ou à réduire les impôts et taxes. Cette politique se soldera par les impacts suivants :

- ✓ **L'impact sur le PIB** : La hausse des dépenses publiques stimule l'économie et booste aussi bien les investissements des entreprises qui bénéficient de nouveaux contrats publics que la consommation des ménages qui croît avec l'embauche consécutive au regain d'activité des entreprises et l'augmentation du revenu disponible généré par la réduction des impôts et taxes. La conjonction de toutes ces activités aboutit à la croissance du PIB ;
- ✓ **L'impact sur le taux de change** : La hausse des dépenses publiques est financée par l'accroissement de la dette, ce qui accroit la demande de la monnaie de la part de l'État. Le surcroit des investissements des entreprises en vue d'honorer les nouveaux contrats publics fait également pression sur la demande de monnaie. Les ménages qui disposent d'un pouvoir d'achat confortable accroissent leurs consommations financées par la dette. Toute cette pression sur la demande de monnaie aboutit à une croissance des taux d'intérêt *(la demande étant forte, les prix vont monter)*. La hausse des taux d'intérêt rend les actifs financiers du pays attractifs pour les investisseurs qui en font la demande. Ceci accroit la demande de la monnaie nationale. Ce qui se traduit par une hausse du cours et donc du taux de change ;
- ✓ **L'impact sur le compte courant:** La hausse du taux de change rend les exportations plus onéreuses et les importations plus accessibles. Ceci se traduit par une détérioration de la balance commerciale et donc du compte courant.

La politique fiscale expansive conduit donc à rehausser le niveau du PIB, aboutit à une hausse des taux d'intérêt, du taux de change du pays et une baisse du compte du courant.

Comme expliqué précédemment, les acteurs du marché des changes dont les activités sont influencées positivement ou négativement pour ces résultats vont scruter, non plus cette fois-ci les prochaines réactions de la Banque Centrale mais plutôt du gouvernement. La croissance du PIB peut aboutir à une forte inflation si les capacités de production n'arrivent pas suivre la boulimie de consommation observée. Si par exemple les opérateurs anticipent un risque d'inflation, ils vont pronostiquer une politique fiscale restrictive de la part du gouvernement et ajuster leurs opérations en conséquence. Ils s'entendront à une hausse des taxes ou une réduction des dépenses publiques, toute chose qui baissera la demande. Les opérateurs prendront les dispositions nécessaires pour en bénéficier ou en limiter les dégâts. Ces anticipations dans un sens comme dans l'autre font bouger le marché des changes.

d) POLITIQUE FISCALE RESTRICTIVE ET IMPACT SUR LE PIB, LE TAUX DE CHANGE ET LE COMMERCE INTERNATIONAL EN RÉGIME DE CHANGE FLOTTANT

La politique fiscale restrictive est le contraire de la politique fiscale expansive. Elle consiste à réduire les dépenses publiques et/ou à augmenter les impôts et taxes. Elle aura les conséquences suivantes :

- ✓ **L'impact sur le PIB :** La baisse des dépenses publiques et/ou la hausse des taxes entrainent un ralentissement de la commande publique pour les entreprises, une réduction des bénéfices et par conséquent une baisse des investissements et une hausse des licenciements et réduction du revenu des ménages. Tout ceci impacte la consommation globale et conduit à la réduction du PIB ;
- ✓ **L'impact sur le taux de change :** le gouvernement, les entreprises et les ménages s'endettent moins, ce qui fait baisser la pression sur la demande de monnaie. Dans ces conditions les taux d'intérêt baissent. La baisse des taux d'intérêt rend les actifs financiers du pays, moins attractifs pour les investisseurs qui s'en débarrassent. La demande de la monnaie nationale est moins forte et cela se traduit par une baisse du taux de change.
- ✓ **L'impact sur le compte courant:** La baisse du taux de change rend les exportations du pays plus attractives et les importations plus chères. Ceci entraine une amélioration de la balance commerciale et du compte courant.

Ces développements donnent lieu aussi à des anticipations de la part des opérateurs du marché des changes qui guettent les prochaines mesures du gouvernement de relance économique si nécessaire. En fonction de leurs estimations de la gravité de la décroissance du PIB, ils vont prendre des positions pour tirer le maximum de bénéfice des mesures à venir du gouvernement. Par exemple, si des opérateurs du marché des changes estiment que le niveau de la politique d'austérité du gouvernement a atteint son plafond et que le gouvernement n'a plus d'autre choix que de relancer les dépenses publiques pour stimuler l'économie, ils vont anticiper une hausse du taux de change et achèteront la monnaie nationale bien avant que cette hausse intervienne.

Ces anticipations peuvent avoir un effet sur le taux de change de la monnaie nationale que le gouvernement ne souhaite pas. Il sera alors obligé d'agir plus vite qu'il ne l'aurait souhaité.

Ainsi on le voit, en régime de change flottant, les politiques monétaires et fiscales des autorités publiques ont une grande influence sur les grandes données économiques que sont le PIB, le taux de change et le compte courant. Cependant les anticipations de ces politiques par les opérateurs privés du marché des changes ont encore une influence plus importante. Et ce sont elles qui font bouger le taux de change. Le gouvernement est parfois obligé de faire du rattrapage, d'agir plus vite ou moins vite, ou même de dérouter les opérateurs privés par des déclarations sciemment ambiguës, en vue de maintenir une évolution saine du taux de change. Le gouvernement est également obligé de maintenir un système de régulation très fort afin de prévenir les délits d'initiés et les tendances spéculatives destructrices.

e) INTERVENTION DE LA BANQUE CENTRALE EN RÉGIME DE CHANGE FLOTTANT

Le régime de change flottant a été défini comme le régime dans lequel le taux de change est déterminé par le point d'équilibre entre la demande et l'offre de la monnaie nationale entre les agents économiques privés sur le marché des changes. Dans ces conditions, pourquoi et comment intervient la Banque Centrale ?

La Banque Centrale intervient sur le marché des changes pour deux raisons essentielles.

La gestion de la fluctuation du taux de change : Les actions des agents économiques privés qui agissent sur le marché des changes sont assises sur les anticipations des politiques macroéconomiques. Ces politiques influencent leurs activités. Au regard de ces anticipations, ils prennent des positions sur l'évolution future du taux de change d'une monnaie donnée. Ceci affecte le taux de change. Or ces anticipations peuvent être correctes ou fausses. Il se trouve même des opérateurs qui lancent des offensives spéculatives sur une monnaie donnée pour faire évoluer le taux dans un sens qui leur serait favorable. Tout ceci peut amener le taux de change à évoluer dans des amplitudes indésirables pour l'économie. Or une variation large et rapide du taux de change rend la rentabilité des investissements imprévisible. Dans ces conditions, les agents économiques sont peu enclins à prendre des décisions, ce qui a un impact négatif sur la bonne marche de l'économie *(peu d'investissement et peu d'échanges commerciaux)*. Le gouvernement, à travers la Banque Centrale, est alors amené à agir en vue d'établir une certaine stabilité dans l'évolution du taux de change ;

La gestion de la balance commerciale : Selon les priorités du pays, la Banque Centrale peut agir sur le taux de change pour donner l'orientation souhaitée à la balance commerciale. A titre d'exemple, un taux de change fort de la monnaie nationale conduit à la baisse des exportations et à la hausse des importations, créant un déficit de la balance commerciale et du compte courant. Si la balance commerciale du pays est déjà déficitaire, il serait alors bon d'opter pour une politique de taux de change faible.

La Banque Centrale utilise deux méthodes d'intervention sur le marché des changes. Ce sont la méthode indirecte et la méthode directe.

La méthode indirecte : Elle consiste à changer le taux de change par l'intermédiaire de la politique monétaire. En effet, comme déjà détaillé, la hausse de la masse monétaire *(politique monétaire expansive avec réduction des taux d'intérêt)* conduit à la baisse du taux de change.

La baisse de la masse monétaire *(politique monétaire restrictive avec hausse des taux d'intérêt)* conduit à la hausse du taux de change.

La méthode directe : Elle consiste à agir directement sur le marché des changes en vendant ou en achetant la monnaie nationale contre de la monnaie étrangère en vue de faire évoluer le taux de change dans le sens souhaité. Les scénarios suivants sont possibles.

Scénario 1: obtenir un taux de change élevé : Pour que le taux de change soit fort ou élevé, il faut que la demande de la monnaie nationale par les investisseurs sur le marché des changes soit forte et que l'offre de la monnaie étrangère soit plus grande.

- ✓ Il faut donc augmenter la demande de la monnaie nationale et étendre l'offre de la monnaie étrangère ;
- ✓ Pour que cela soit le cas, la Banque Centrale va acheter la monnaie nationale *(pour augmenter la demande)* en vendant la monnaie étrangère *(pour en augmenter l'offre)* ;
- ✓ Cette opération se solde par une demande plus aigüe de la monnaie nationale et une offre pléthorique de la monnaie étrangère ;
- ✓ Par conséquent le taux de change de la monnaie nationale monte au détriment de la monnaie étrangère. On a donc le taux de change élevé désiré.

Cependant, cette stratégie nécessite au préalable que la Banque Centrale dispose suffisamment de stock de la monnaie étrangère qu'elle veut échanger contre la monnaie nationale. Ce stock de monnaie étrangère appelé réserves de changes est une condition absolument nécessaire pour accroitre le taux de change de la monnaie nationale dans le cadre de l'intervention directe sur le marché des changes. La disponibilité en quantité suffisante de ces réserves est donc un facteur qui limite la capacité de la Banque Centrale à faire évoluer le taux à la hausse comme elle le souhaite.

Scénario 2: obtenir un taux de change bas : Pour que le taux de change soit bas ou faible, il faut accroitre l'offre de la monnaie nationale *(plus l'offre est importante, plus le prix est bas)* sur le marché des changes et augmenter la demande de la monnaie étrangère *(plus la demande est forte, plus le prix est élevé).*

- ✓ La Banque Centrale va intervenir sur le marché des changes en vendant la monnaie nationale *(pour en accroitre l'offre)* et en achetant la monnaie étrangère *(pour en augmenter la demande) ;*
- ✓ Ceci entraine la hausse de l'offre de la monnaie nationale et la hausse de la demande de la monnaie étrangère;
- ✓ Par conséquent, le prix de la monnaie nationale dont l'offre a augmenté baisse. Le prix de la monnaie étrangère dont la demande a augmenté, monte ;
- ✓ Ceci aboutit à une baisse du taux de change de la monnaie nationale vis-à-vis de la monnaie étrangère qui est l'objectif recherché.

A la différence du scenario1 ou la Banque Centrale achète de la monnaie nationale et vend de la monnaie étrangère, ce qui nécessite un stock préalable et suffisant de monnaie étrangère *(réserves de changes),* la Banque Centrale dans cette opération n'a pas cette contrainte. Elle peut écouler autant de stock de la monnaie nationale sur le marché des changes qu'elle souhaite et obtenir en contrepartie de la monnaie étrangère jusqu'à atteindre l'objectif de taux recherché. La seule contrainte ici est la capacité des vendeurs de la monnaie étrangère à fournir le stock correspondant à la demande de la Banque Centrale pour mener à bien cette opération de change.

Comme on vient de voir, la Banque Centrale intervient, soit pour faire remonter le taux ou pour le faire descendre et cela produit des conséquences pour l'économie nationale.

- ✓ Pour obtenir un taux fort, la Banque Centrale achète la monnaie nationale en vue d'en augmenter la demande ;
- ✓ Puisqu'elle achète la monnaie nationale, elle diminue la masse d'agents en circulation dans l'économie ;

La baisse de la monnaie nationale en circulation équivaut à une politique monétaire restrictive *(hausse des taux d'intérêt directeurs).*

- ✓ Pour obtenir un taux de change faible, la Banque Centrale vend la monnaie nationale en vue d'en élargir l'offre, ce qui permet de baisser le prix ;

- ✓ Cette opération entraine une hausse de la masse monétaire en circulation.

La hausse de la masse monétaire équivaut à une politique monétaire expansive *(baisse des taux d'intérêt directeurs).*

En intervenant sur le marché de change pour orienter le taux de change à la baisse ou la hausse, la Banque Centrale affecte la masse monétaire en circulation. Ceci équivaut à faire évoluer les taux d'intérêt directeurs dans un sens comme dans l'autre.

Or la gestion des taux d'intérêt directeurs est l'outil par excellence pour lutter soit contre l'inflation, soit contre la récession économique qui sont les objectifs prioritaires de la Banque Centrale. Il faut donc trouver un moyen de neutraliser les effets de son intervention sur les taux d'intérêt de sorte à ne pas interférer sur les objectifs macroéconomiques en cours *(lutte contre l'inflation ou contre la récession).*

Ce moyen s'appelle la stérilisation. L'opération de stérilisation se déroule de la manière suivante :

- ✓ L'intervention de la Banque Centrale sur le marché des changes pour baisser le taux de change par exemple, va se traduire par une hausse de la masse monétaire en circulation.
- ✓ Pour éviter l'impact sur les taux d'intérêt, la Banque Centrale va procéder à deux opérations simultanées et d'égale ampleur.
- ✓ Au moment où elle intervient sur le marché des changes pour vendre la monnaie nationale, et mettre plus de liquidités dans les mains des agents économiques, elle va intervenir simultanément sur le marché monétaire pour vendre des actifs financiers *(bons du trésor par exemple)* pour retirer de la main des agents économiques, les liquidités. Pour une opération de vente de monnaie nationale d'un million par exemple sur le marché des changes, elle va vendre des actifs financiers d'une valeur d'un million. La nouvelle émission d'un million de liquidités par l'intermédiaire de la vente de la monnaie nationale sur le marché des changes est neutralisée par la vente d'actifs financiers d'égal montant sur le marché monétaire.

- ✓ Lorsqu'il s'agit d'une opération visant à accroitre le taux de change avec l'achat de la monnaie nationale sur le marché des changes *(avec l'achat, la Banque Centrale retire de la monnaie nationale de la masse en circulation)*, la stérilisation consistera à acheter des actifs financiers sur le marché monétaire *(en échange des titres, la Banque Centrale remet des liquidités aux opérateurs)*. L'opération d'achat sur le marché des changes vise à réduire la masse monétaire en circulation tandis que celle sur le marché monétaire conduit à accroitre la masse monétaire. Les deux opérations se neutralisent.

O.2. AVANTAGES ET INCONVÉNIENTS DU RÉGIME DE CHANGE FLOTTANT

Après avoir étudié les différentes implications du régime de change flottant, il convient d'identifier ses avantages et inconvénients.

➢ LES AVANTAGES

On peut citer deux avantages principaux.

- ✓ **La détermination de la valeur réelle du taux de change:** La valeur de tout produit est déterminée par le prix que les fournisseurs proposent et que les acheteurs veulent bien accepter. En laissant les acteurs, qui au quotidien font usage de la monnaie nationale, déterminer son prix, le régime de change permet d'en déterminer la valeur réelle. Le risque de développement de marché parallèle de la monnaie est réduit ;
- ✓ **L'absorption automatique des chocs externes** : le taux de change s'ajuste automatiquement en cas de déficit ou d'excédent de la balance commerciale ou de tout autre choc extérieur ;
- ✓ **La gestion optimale de la politique monétaire :** Bien qu'importantes, les interventions de la Banque Centrale sur le marché des changes ne sont pas permanentes. Si le marché fonctionne bien, la Banque Centrale n'éprouve pas le besoin d'intervenir. Elle peut alors se consacrer à sa mission qui est d'encourager la croissance économique dans la maîtrise de l'inflation. Ses réserves de changes sont alors utilisées pour

faciliter le commerce international en les mettant à la disposition des agents économiques qui en ont besoin pour boucler leurs exportations ou importations et non à défendre un taux de change donné.

➢ **LES INCONVÉNIENTS**

- ✓ **L'incertitude permanente sur le taux de change:** la variation permanente du taux de change alimente les incertitudes. Personne ne sait aujourd'hui avec exactitude quel sera le taux de change demain. Ceci crée le risque de change qui peut entrainer des pertes de revenus. L'exportateur qui écoule sa marchandise aujourd'hui à un prix donné et qui reçoit effectivement le produit de sa vente le lendemain peut se retrouver avec un revenu moindre pour le même prix parce que le taux de change entre la monnaie nationale et celle de son client a changé. Se protéger contre ce risque entraine des coûts. Il y a en effet des organismes disposés à prendre ce risque contre rémunération. Par conséquent le régime de change flottant entraine des coûts de transaction élevés ;
- ✓ **La spéculation:** Au-delà des anticipations légitimes sur la politique économique qui fondent les actions des agents du marché des changes, la variation régulière du taux de change invite à la spéculation, c'est-à-dire à prendre des paris plus ou moins inconsidérés sur l'évolution future de taux de change. Si l'opération va dans le sens souhaité, on peut gagner beaucoup d'argent. Si c'est le contraire, c'est la ruine.

O.3. RÉGIME DE CHANGE FIXE ET POLITIQUES MACROÉCONOMIQUES

Le régime de change fixe est le régime où le taux de change de la monnaie nationale est déterminé par le gouvernement à travers la Banque Centrale par une parité fixe avec la monnaie d'un autre pays qui est généralement le plus grand partenaire commercial, et dont la monnaie est acceptée par tous dans le commerce mondial.

Dans le cadre du taux de change fixe, la monnaie sur laquelle s'arrime la monnaie nationale, s'appelle la monnaie réserve. Dans le cas de la parité fixe Euro/FCFA, l'Euro est la monnaie de réserve. C'est le système de change fixe conventionnel. Il existe plusieurs variantes qui sont énumérées ci-après.

- ✓ La révision périodique du taux de change avec la monnaie de réserve *(crawling peg);*
- ✓ La variation libre du taux de change à l'intérieur d'une marge prédéfinie ;
- ✓ La caisse d'émission ou la monnaie nationale en circulation est égale à l'équivalent en réserve de la monnaie de référence ;
- ✓ *La « dollarisation »* ou la monnaie de réserve devient la monnaie en circulation dans le pays ;
- ✓ L'arrimage à un panier de monnaie de réserves où le cours de la monnaie nationale est défini en fonction de la moyenne pondérée des cours des monnaies du panier de réserves.

Le premier modèle de change fixe était dénommé, l'étalon-or qui a été universellement utilisé du 19è siècle jusqu'à la fin de la Deuxième Guerre mondiale. Le cours de la monnaie nationale est déterminé en fonction d'une quantité d'or prédéfinie. On échangeait des billets de banque contre de l'or et vice versa. A la fin de la Deuxième Guerre mondiale, les Occidentaux à l'initiative des États-Unis adoptent le système de l'étalon-or-devise. C'est le système monétaire international appelé aussi le système monétaire de Bretton Woods, du nom de la ville où furent signés les accords monétaires.

Dans le système étalon-or-devise, le dollar est la devise centrale. C'est la monnaie de référence qui s'échange contre une quantité prédéfinie d'or. Les autres monnaies s'échangent contre un taux prédéfini du dollar. Le dollar devient ainsi la monnaie de réserve incontournable que tous les autres pays doivent détenir en quantités suffisantes pour les opérations commerciales et financières internationales. Ce système disparait en 1973 quand les États-Unis mettent fin à la parité dollar-or pour laisser libre cours au système de change flottant en vigueur aujourd'hui principalement dans les pays occidentaux.

Tout comme cela a été fait dans le cadre du régime de change flottant, il est bon d'évaluer, l'impact des politiques macroéconomiques en régime de change fixe sur le PIB, le taux de change et le commerce international. Cette analyse se fera sur la base du régime de change fixe conventionnel avec arrimage à une monnaie de réserve *(cas du couple Euro/CFA)*.

> **POLITIQUE FISCALE EXPANSIVE ET IMPACT SUR LE PIB, LE TAUX DE CHANGE ET LE COMMERCE INTERNATIONAL EN RÉGIME DE CHANGE FIXE**

Les implications de la politique fiscale expansive sont les suivants :

- ✓ **L'impact sur le PIB** : La hausse de la demande globale fait croitre le PIB avec l'effet conjugué de la hausse des dépenses publiques et/ ou la réduction des impôts;
- ✓ **L'impact sur le taux de change** : La hausse des dépenses publiques, la forte demande de consommation des ménages et les investissements des entreprises exercent une pression sur la demande de monnaie. Toute cette pression sur la demande de monnaie aboutit à une croissance des taux d'intérêt, ce qui entraine une hausse de la demande la monnaie nationale et donc du taux de change. Mais comme nous sommes en régime de change fixe, la Banque Centrale intervient en vendant la monnaie nationale *(pour faire tirer le cours à la baisse)* contre l'achat de la monnaie de réserve pour équilibrer le taux. Par conséquent, en le taux de change demeure inchangé ;
- ✓ **L'impact sur le compte courant:** Le taux de change n'a pas d'impact dû sur le commerce extérieur puisqu'il demeure constant. Cependant, la hausse de la demande globale dans l'économie peut générer un accroissement des importations. De même, l'augmentation des capacités de production des entreprises peut aussi doper les exportations. Au total, on peut conclure qu'à court terme, l'influence des importations sera plus forte et par conséquent, la balance commerciale et le compte courant seront déficitaires.

> **POLITIQUE FISCALE RESTRICTIVE ET IMPACT SUR LE PIB, LE TAUX DE CHANGE ET LE COMMERCE INTERNATIONAL EN RÉGIME DE CHANGE FIXE**

Sur la base de ce qui a été déjà dit, on peut affirmer que la politique fiscale restrictive va contracter le PIB, n'aura aucun effet sur le taux de change *(taux de change fixe)* et mènera à court terme à une baisse des échanges avec l'extérieur *(la contraction du PIB, la fixité du taux de change ne donneront pas d'effet de levier aux exportations).*

> **POLITIQUE MONÉTAIRE ET IMPACT SUR LE PIB, LE TAUX DE CHANGE ET LE COMMERCE INTERNATIONAL EN RÉGIME DE CHANGE FIXE.**

En régime de change fixe, l'orientation de la politique monétaire est dictée par l'objectif du maintien du taux de change à la parité fixée avec la monnaie de réserve. Les mesures monétaires tendent toutes vers cet objectif. Pour bien comprendre ce phénomène, la succession des ajustements économiques est la suivante :

- ✓ En principe la hausse de la masse monétaire induit la baisse des taux d'intérêt ;
- ✓ Ceci encourage les investissements des entreprises et les demandes de crédit à la consommation des ménages ;
- ✓ Ce qui se solde par une augmentation du PIB ;
- ✓ Cependant la baisse des taux d'intérêt rend les actifs financiers du pays moins rémunérateurs ;
- ✓ Par conséquent les investisseurs s'en dessaisissent au profit des actifs financiers étrangers;
- ✓ La demande de la monnaie nationale baisse et celle de la monnaie de réserve monte, ce qui entrainerait un nouveau taux de change ;
- ✓ Puisque le taux de change doit être fixe, il faut rétablir l'équilibre entre la demande de monnaie nationale et celle de la monnaie de réserve ;
- ✓ Pour ce faire, la Banque Centrale va intervenir sur le marché des changes et vendre la monnaie de réserve en puisant dans son stock de réserves et acheter la monnaie nationale. La hausse de l'offre de la monnaie de réserve et la hausse de la demande de la monnaie nationale conduisent à rétablir l'équilibre et le taux de change revient au niveau de la parité fixée ;
- ✓ Cependant l'action de la Banque Centrale qui a consisté à acheter la monnaie nationale a conduit à réduire la masse monétaire en circulation. En effet, seuls les billets et pièces en

circulation, les comptes en banques commerciales, les soldes sur cartes, monnaie électronique et certains actifs financiers constituent la masse monétaire ;

- ✓ La réduction de la masse monétaire est de facto une politique monétaire restrictive avec la hausse des taux d'intérêt ;
- ✓ Cette situation annihile les effets initiaux de la hausse du PIB;
- ✓ La fixité du taux de change ne permet pas d'orienter la balance commerciale dans un sens comme dans l'autre. C'est le statu quo.

En conclusion, en régime de change fixe, la politique monétaire sert avant tout à maintenir le taux de change inchangé. L'influence de cette parité fixe sur la croissance économique et le commerce international est difficile à cerner.

Si la politique monétaire conduite par les autorités du pays ne produit pas d'effets clairement identifiés sur la croissance économique et les comptes extérieurs, alors on peut se demander ce qu'il en est de celle conduite par les autorités monétaires du pays de la monnaie de réserve. En d'autres termes et dans le cadre du change fixe entre l'Euro et le FCFA, quelle influence la politique monétaire conduite par la Banque Centrale européenne (BCE) exerce sur la croissance économique et le développement du commerce extérieur des pays de la Zone Franc ?

Si la BCE applique une politique monétaire expansive, les enchainements économiques entre l'Europe et la Zone Franc sont les suivants :

- ✓ Hausse de la masse monétaire et baisse du taux d'intérêt en Europe ;
- ✓ La baisse des taux d'intérêt en Europe pousse les investisseurs à liquider *(vendre)* leurs actifs financiers *(avoirs)* exprimés en Euro et acheter des actifs exprimés en FCFA ;
- ✓ Ceci se traduit par une baisse de la demande de l'Euro et la hausse de la demande du FCFA ;
- ✓ Ce déséquilibre crée une variation du taux de change en faveur du FCFA qui s'apprécie ;
- ✓ Or le maintien du taux de change au niveau fixé est la priorité de la politique monétaire de la Zone Franc ;

- ✓ Les banques centrales de la zone FCFA vont par conséquent agir de sorte à maintenir ce taux de change fixe ;
- ✓ Comme la demande de l'Euro a baissé et que celle du FCFA a augmenté, l'action des banques centrales de la Zone Franc consistera à acheter de l'Euro (*pour augmenter la demande et faire remonter le cours)* et vendre du FCFA *(pour augmenter l'offre et faire baisser le cours);*
- ✓ Cette action aboutit à maintenir le taux de change au niveau fixé ;
- ✓ En vendant du FCFA pour maintenir le taux de change inchangé, la Banque Centrale augmente implicitement la masse monétaire et donc concourt à baisser le taux d'intérêt.

En définitive la succession de ces actions conduit à dupliquer la politique monétaire de la zone Euro dans la zone FCFA, c'est-à-dire une politique monétaire expansive. Cette expansion monétaire a très peu d'effet sur l'économie de la Zone Franc parce qu'elle est induite par la volonté de maintenir le taux de change au niveau fixé.

Dans le cas d'une politique monétaire restrictive en zone Euro, les ajustements successifs aboutissent à un rétrécissement de la masse monétaire dans la zone Franc pour garder le taux de change fixe.

On le voit dans un régime de change fixe, la politique monétaire du pays de la monnaie de réserve s'impose au pays ou zone dont la monnaie est arrimée à cette monnaie de réserve. C'est pourquoi, on dit qu'en régime de change fixe, le pays ou la zone dont la monnaie est arrimée à une autre monnaie n'a pas de politique monétaire indépendante. L'objectif numéro un est le maintien de la parité fixe entre la monnaie locale et la monnaie de réserve.

➢ LA DÉVALUATION

La politique monétaire du pays arrimé n'a pour seul objectif que le maintien du taux de change fixe. Cette politique a par conséquent un impact limité sur la croissance économique et les comptes extérieurs du pays *(balance commerciale)*. Et pourtant il faut bien trouver des solutions monétaires pour influencer le PIB et le commerce international. Mieux encore, les interventions sur le marché des changes nécessitent des réserves de changes en abondance *(en particulier la monnaie de réserve)*. Une des solutions possibles est de changer le point d'équilibre entre la monnaie locale et la monnaie de réserve et définir une nouvelle parité entre les deux monnaies. Si le taux de change de la monnaie locale baisse vis-à-vis de la monnaie de réserve, on parle alors de dévaluation de la monnaie locale. Dans le cas contraire, on parle de réévaluation de la monnaie locale. La situation la plus probable pour la monnaie arrimée est la dévaluation.

L'influence de la dévaluation sur la balance commerciale et le PIB : Si les exportations sont plus importantes que les importations, alors la balance commerciale est excédentaire. Cela signifie que les agents économiques du reste du monde achètent en grande quantité les biens produits dans le pays. Puisque ces agents économiques du reste du monde achètent les biens du pays avec des monnaies acceptées dans le commerce international qui sont les monnaies de réserves *(Euro, dollar, livre, Yen, Yuan)*, la Banque Centrale du pays exportateur aura un stock de monnaie de réserves important. Dans le cas où les importations sont supérieures aux exportations, alors la balance commerciale est déficitaire. Ce sont les agents économiques du pays qui achètent plutôt une quantité importante des biens et services venant du reste du monde. Ces biens et services sont achetés avec de la monnaie de réserve, ce qui entraine une diminution de la monnaie de réserve des comptes de la Banque Centrale du pays importateur.

On le voit, les pays qui utilisent le change fixe ont intérêt à voir une balance commerciale excédentaire pour leur procurer des réserves de changes suffisantes. L'un des moyens les plus sûrs de s'attirer une clientèle est toujours de vendre le moins cher possible. La dévaluation permet justement de vendre moins cher dans le reste du monde. Le mécanisme de la dévaluation est le suivant :

- ✓ Mettons que le taux de change entre l'Euro et le FCFA est de 100 FCFA pour 1 Euro par exemple *(cet exemple sert à simplifier les choses)* ;

- ✓ Le prix du kg de cacao en provenance de Côte d'Ivoire est de 500 FCFA le kg. Pour que l'acheteur européen achète ce kg de cacao, il faut qu'il soit exprimé en Euro. Si 1 Euro est égal à 100 FCFA, alors 500 FCFA est égal à 5 euros. L'acheteur européen va effectivement débourser les 5 euros pour le kg de cacao. L'exportateur ivoirien reçoit en contrepartie 500 FCFA le kg et la Banque Centrale de l'ivoirien garde les 5 euros payés par le consommateur européen. Ces 5 euros constituent les réserves de changes ;
- ✓ Si le taux de change Euro /FCFA passe à 200 FCFA pour 1 Euro à la suite d'une dévaluation, alors le kg de cacao de 500 FCFA sera vendu sur le marché européen à 2,5 euros. Le consommateur européen, au lieu de débourser 5 euros comme par le passé va seulement payer 2,5 euros pour le même kg de cacao. L'exportateur ivoirien reçoit toujours 500FCFA, la Banque Centrale collecte l'équivalent en Euro, c'est-à-dire les 2,5 euros ;
- ✓ Bien entendu, le cacao ivoirien coûtant désormais moins cher grâce à l'effet de la dévaluation, les consommateurs européens, toutes choses égales par ailleurs, vont passer plus de commandes de ce produit ;
- ✓ Cet accroissement de la demande du produit ivoirien va booster les exportations ivoiriennes ;
- ✓ Dans la même veine, les ventes du reste du monde en Côte d'Ivoire *(importations)* vont devenir plus chères ;
- ✓ En effet, avec un taux de change Euro /FCFA de 100 FCFA pour 1 Euro, un jean européen vendu à 5 euros revient à 500 FCFA en Côte d'Ivoire. L'Ivoirien va dépenser 500 FCFA pour avoir ce jean. Pour faciliter cette opération, la Banque Centrale va réduire ses réserves de change de 5 euros ;
- ✓ Avec un taux de change Euro /FCFA de 200 FCFA pour 1 Euro, suite à la dévaluation, le jean de 5 euros va coûter 1000 FCFA. Le prix du même jean à 5 euros double lorsqu'il est exprimé en FCFA ;
- ✓ En conséquence, les consommateurs ivoiriens, toutes choses étant égales par ailleurs, vont arrêter d'acheter les jeans européens ce qui va baisser les importations et arrêter la

réduction des réserves de change accumulées par la Banque Centrale ;

- ✓ Au total, les exportations seront supérieures aux importations et la balance commerciale de la Côte d'Ivoire vis-à-vis de son partenaire commercial européen sera excédentaire ;
- ✓ Le secteur exportateur ivoirien dont la production est stimulée par la forte demande du reste du monde, va investir pour accroitre ses capacités, embaucher des nouveaux salariés, engranger plus de profit et payer plus d'impôts. Ceci va influencer positivement le PIB, par conséquent la croissance économique. La Banque Centrale à son tour va accumuler un stock important de réserves de changes.

Pourquoi les pays africains ont peur de la dévaluation : la démonstration ci-dessus souligne les effets positifs de la dévaluation. Pour en bénéficier, il faut proposer des produits demandés dans les autres pays *(le reste du monde)*. Il faut donc disposer d'un appareil de production à même de satisfaire la demande exprimée.

Or malheureusement la plupart des pays africains ont des outils de production défaillants et sont des importateurs nets, c'est-à-dire qu'ils ont une balance commerciale en permanence déficitaire. Dans ces conditions, une dévaluation les pénaliserait car les produits importés seraient plus chers et les réserves de change de la Banque Centrale fondraient comme neige au soleil.

C'est pourquoi, la dévaluation n'est pas très courante en Afrique alors qu'elle a fait la fortune de la Chine par exemple. Son adoption en Afrique dans les conditions actuelles de production, doit donc se faire de concert avec les pays de la monnaie de réserve en vue d'élaborer des mesures d'accompagnement pour un atterrissage en douceur.

O.4. AVANTAGES ET INCONVÉNIENTS DU RÉGIME DE CHANGE FIXE

a) LES AVANTAGES

Les principaux avantages sont :

✓ La stabilité du taux de change et la faible inflation, ce qui induit des taux d'intérêt relativement bas;

✓ Le faible coût de transaction *(pas de besoin de payer des commissions de gestion de risque change).*

b) LES INCONVÉNIENTS

Les principaux inconvénients sont :

✓ La nécessité d'avoir des réserves de change abondantes en permanence pour soutenir le taux de change;

✓ L'attelage de la politique monétaire à celle du pays de la monnaie de réserve limite les capacités d'impulsion interne de l'économie.

P. QUEL REGIME CHOSIR ?

Le choix du régime de change est au centre de la politique économique de tout pays. Après avoir étudié l'influence de chacun de ces régimes sur les résultats économiques et présenté leurs avantages et inconvénients, comment peut-on répondre à cette question ?

En réalité, il n'y a pas de régime meilleur que l'autre. Il y a un régime adapté à la situation économique et politique d'un pays à un moment donné de son histoire. Tout au plus, peut-on donner le profil adéquat de pays pour l'un ou l'autre de ces régimes.

a) Profil de pays adéquat pour le change flottant

✓ Avoir une base industrielle importante (*grand pays industrialisé ou émergent)* ;

✓ Jouer un rôle de premier plan dans le commerce international avec une monnaie bien acceptée au plan international ;

✓ Être doté de marchés financiers *(marché des changes et marché des capitaux)* profonds et bien régulés.

b) Profil de pays adéquat pour le change fixe

✓ Une production industrielle limitée avec des produits d'exportation constitués de matières premières peu diversifiées ;

✓ Un marché financier local peu profond, peu sophistiqué et insuffisamment intégré aux marchés financiers internationaux ;

✓ Un niveau d'inflation historiquement très élevé.

Tableau 26 : pays utilisant des formes variées du régime de change fixe

	Utilisation du dollar monnaie nationale		Caisse d'Emission (masse monétaire nationale égale aux montants des réserves de changes en dollar)		Arrimage conventionnelle au Dollar		Arrimage au dollar avec une marge de stabilité de 2%
1	Equateur	1	Djibouti	1	Aruba	1	Angola
2	San Salvador	2	Hong Kong	2	Les Bahamas	2	Guyane
3	îles Marshall	3	Antigua et Barbade	3	Bahreïn	3	Liban
4	Micronesia	4	Dominique	4	Barbade	4	Maldives
5	Palau	5	Grenade	5	Belize	5	Trinidad et Tobago
6	Panama	6	St.Kitts et Nevis	6	Curaçao et Sint Maarten	6	Bangladesh
7	Timor-Leste	7	Ste Lucie	7	Erythrée	7	Bolivie
		8	St Vincent et les Grenadines	8	Irak	8	Malawi
				9	Jordanie	9	Nigeria
				10	Oman	10	Papouasie Nouvelle Guinée
				11	Qatar	11	Tajikistan
				12	Arabie Saoudite	12	Tanzanie
				13	Turkménistan	13	Vietnam

				14	Les Emirats Arabes Unis	14	Kenya
				15	Congo Kinshasa	15	Laos
						16	Pakistan
						17	Soudan

	Arrimage au dollar avec variation limitée du taux de change dans une bande précise		Arrangements spéciaux avec le dollar		Utilisation de l'Euro comme monnaie nationale		Arrimage conventionnelle à L'Euro		Arrimage a un panier de monnaie
1	Honduras	1	Cambodge	1	Kosovo	1	Cap Vert	1	Fiji
2	Nicaragua	2	Liberia	2	San Marino	2	les îles Comores	2	Koweït
3	Burundi	3	Zimbabwe	3	Monténégro	3	Sao Tomé et Principe	3	Maroc
4	Ethiopie					4	Benin	4	Lybie
5	Rwanda					5	Cote d'Ivoire	5	Singapour
6	Ouzbékistan					6	Guinée Bissau	6	Botswana
7	République Dominicaine					7	Mali	7	Iran
8	Costa Rica					8	Niger	8	Chine
9	Jamaïque					9	Sénégal	9	Tonga
10	Mauritanie					10	Togo	10	îles Salomon

11	Sri Lanka					11	Cameroun	11	Samoa
						12	Centrafrique		
						13	Tchad		
						14	Congo Brazzaville		
						15	Gabon		
						16	Guinée Equatoriale		
						17	République Tchèque		
						18	Serbie		

Source: FMI Octobre 2017

Tableau 27 : pays utilisant des formes variées du régime de change flottant

	Régime de change flexible Pur (très peu d'intervention de la Banque Centrale sur le marché des changes)		Régime de Change flexible gérée (Interventions assez régulières de la Banque Centrale sur le marché des changes)
1	Australie	1	Afghanistan
2	Canada	2	Madagascar
3	Chili	3	Seychelles
4	Japon	4	Albanie
5	Mexique	5	Argentine
6	Norvège	6	Arménie
7	Pologne	7	Colombie
8	Russie	8	Géorgie
9	Suède	9	Guatemala
10	Royaume-Uni	10	Hongrie
11	USA	11	Iceland
12	Autriche	12	Ghana
13	Union Européenne (27 pays)	13	Inde
		14	Indonésie
		15	Israël
		16	Kazakhstan
		17	Corée du Sud
		18	Moldavie

		19	Nouvelle Zélande
		20	Paraguay
		21	Pérou
		22	Philippines
		23	Romanie
		24	Afrique du Sud
		25	Thaïlande
		26	Turquie
		27	Ouganda
		28	Ukraine
		29	Uruguay
		30	Égypte
		31	Malaisie
		32	Îles Maurice
		33	Mongolie
		34	Mozambique
		35	Suisse
		36	Tunisie
		37	Zambie

<u>Source:</u> FMI Octobre 2017

Selon le rapport 2017 du FMI sur les arrangements monétaires dans le monde, sur 163 pays, 76 pays utilisent le régime de change flottant, soit 47 % tandis que 87 utilisent une forme ou une autre du régime de change fixe, soit 53 %. Le dollar et l'Euro sont les principales monnaies de réserve auxquelles s'arriment les pays qui utilisent le change fixe. On compte 39 pays qui s'arriment au dollar et 25 pays pour l'Euro dont les 14 pays africains de la Zone Franc.

Q. LE FRANC CFA EXPLIQUE

Les multiples ingérences de la France dans le jeu politique africain, notamment lors de la crise postélectorale en Côte d'Ivoire et la destruction de la Libye ont cristallisé les opinions africaines, au point qu'un sujet hautement sensible et technique comme la monnaie sert d'exutoire à une large partie de la population africaine prête à en découdre.

En effet, la guerre réclamée par l'écrivain français à la chemise blanche déboutonnée et menée par le Président Sarkozy n'a pas apporté la démocratie prétextée aux Libyens. Au contraire, elle a engendré la dégénérescence de la Libye et en a fait le poste avancé de l'immigration vers l'Europe et le bastion de la déstabilisation de l'Afrique au sud du Sahara.

En Côte d'Ivoire, la crise a abouti à la déportation du Président Laurent Gbagbo en Europe. Le voir assis dans un box d'accusé et encadré par des policiers est une idée qui n'est pas passée et qui ne passera pas dans le subconscient des Africains.

Ainsi donc, parce qu'elle est perçue comme un acteur principal du mal-être africain, toute idée associée à la France est désormais vigoureusement contestée en Afrique.

L'émotion a désormais pris le pas sur le raisonnement lucide et de bien malins activistes s'y sont engouffrés avec bonheur.

Il est donc désormais difficile de mener un débat lucide sur la gestion du FCFA. Toute idée différente de celle lancée par les activistes est associée à de *« l'oncle tomisme »* ou de la traitrise pour faire simple.

Et pourtant sur le FCFA, il faut bien faire vaincre l'émotion et discuter sereinement. La rupture, si elle devrait être la conclusion, doit être bâtie sur des causes réelles. Comme le dit si bien, le célèbre physicien, Albert Einstein, *« pour résoudre un problème en une heure, il faut passer 55 minutes à définir la cause et 5 minutes seulement pour la solution »*.

À partir de cette assertion et pour un débat inéligible, il est bon de clarifier certains concepts dont la méconnaissance conduit à des confusions et engendre des idées reçues. Une analyse critique du dispositif du système du FCFA suivra ainsi que des pistes de solutions.

Q.1. QUI CRÉE LA MONNAIE ?

La monnaie est créée par les banques commerciales à travers les mécanismes déjà étudiés. La Banque Centrale encadre, encourage ou décourage la création monétaire au vu des conditions qui prévalent dans l'économie. Elle le fait à l'aide d'un arsenal de mesures qui visent toutes à influencer le taux d'intérêt auquel les banques commerciales se refinancent auprès d'elle. Ces mesures constituent la politique monétaire.

Il est vrai que certains pays font tourner la planche à billets, c'est-à-dire la remise par la Banque Centrale à l'État de la monnaie sans contrepartie. Mais dans ces pays-là, un morceau de pain coûte un million. Il est clair qu'une telle situation est loin d'être désirable.

Q.2. QUI FABRIQUE LES BILLETS ET PIÈCES DE MONNAIE ?

La fabrication physique des billets et pièces est faite par des imprimeries spécialisées sur commande de la Banque Centrale. Cette commande de la Banque Centrale est motivée par la préférence des agents économiques non bancaires. Si le commerçant Malien Damera dispose de la somme de 1000 000 sur son compte à la banque commerciale du Mali, et qu'il préfère utiliser cette somme en raison de 60 % en billets et pièces et 40 % en compte bancaire, la banque commerciale du Mali fait la requête de 600 000 FCFA de billets et pièces à la Banque Centrale. A son tour la Banque Centrale va passer la commande à son fournisseur, l'imprimerie spécialisée. Il existe une quarantaine d'imprimeries spécialisées dans ce domaine dans le monde dont

20 % seulement contrôlent environ 80 % du marché. Ainsi on peut avoir la Banque Centrale polonaise faire fabriquer des billets et pièces en Chine ou aux États-Unis. De la même manière que les banques centrales des pays de la Zone Franc font fabriquer leurs billets et pièces en France.

Dans la pratique, en fonction du niveau de préférence de billets et pièces des agents économiques non bancaires du pays, la Banque Centrale va passer des commandes par anticipation pour répondre aux besoins des clients des banques commerciales.

Q.3. QUI FIXE LE TAUX DE CHANGE D'UNE MONNAIE ?

Le chapitre qui vient de finir a détaillé cette question. Le taux de change est gouverné par deux grands types de régime de change qui ont été étudiés.

Q.4. QU'EN EST-IL DE LA SOUVERAINETÉ MONETAIRE ?

Au vu de ce qui précède, on voit que dans une économie,

- ✓ La monnaie est créée par des banques commerciales qui sont des entreprises privées ;
- ✓ Cette création monétaire est assise sur la demande solvable des agents économiques non bancaires qui sont en grande majorité des opérateurs privés ;
- ✓ La variation du taux de change est fonction des besoins des agents économiques privés avec des interventions plus ou moins rigides de la Banque Centrale ;
- ✓ Le seul acte sur lequel l'État dispose de toute la décision est le design des signes monétaires.

Ainsi, on peut dire que le débat sur la souveraineté monétaire n'est pas très utile. La souveraineté dispose que le souverain ou l'État décide sans recours. Or l'État n'est qu'un acteur, certes important puisque c'est lui qui oriente, mais justement il ne fait qu'orienter.

La souveraineté nationale sur la monnaie est d'autant plus remise en cause de nos jours, que la tendance est à la création des zones monétaires entre plusieurs pays *(Europe, Zone Franc, dollarisation, etc.)* et que les capitaux voyagent d'un pays à l'autre sans limitation. La seule différence ici est qu'en régime de change fixe, la politique monétaire est assujettie à la défense du taux de change alors qu'en régime de change flottant, la politique monétaire est indépendante de la contrainte de la défense du taux de change et est utilisée pour atteindre les objectifs macroéconomiques du gouvernement.

Q.5. QU'EN EST-IL DES RÉSERVES DE CHANGES ?

Les réserves de changes représentent les avoirs d'un pays libellés dans une monnaie étrangère, notamment les monnaies de facturation du commerce international que sont le Dollar, le Yen, l'Euro, le Pound, et désormais le Yuan. Ces avoirs sont détenus, soit sous forme liquides, soit sous forme d'actifs financiers libellés dans ces mêmes devises. L'or monétaire fait également partie des réserves de changes.

Les réserves de changes proviennent généralement de 4 sources.

- ✓ **Les exportations :** Lorsqu'un exportateur tchadien vend du pétrole, il reçoit en retour des liquidités libellées dans une des devises citées plus haut. La Banque Centrale de son pays garde ces devises et lui remet l'équivalent en monnaie nationale. Pour 1 Euro d'exportation par exemple, l'exportateur reçoit 655,957 FCFA. La Banque Centrale répète cette opération pour les différents exportateurs du pays ;
- ✓ **Les prêts, dons et investissements :** Lorsque le Togo emprunte, reçoit des dons ou enregistre des investissements directs ou financiers, il reçoit ces sommes en devises. La Banque Centrale les garde et remet les sommes équivalentes en monnaie nationale, au gouvernement et aux investisseurs ;
- ✓ **Les DTS et emprunts FMI :** Le rôle du FMI est de lubrifier le commerce international. En cas de difficultés de règlement des paiements internationaux, tout pays membre du FMI peut tirer sur une ligne de financement appelée Droits de Tirage Spéciaux (DTS) pour financer ses importations. Le FMI peut également allouer des crédits additionnels ;

- ✓ **L'or monétaire :** Il s'agit de l'or détenu à titre de réserves de valeur par les autorités monétaires *(banques centrales).*

Les réserves de changes sont généralement utilisées pour 4 opérations essentielles :

- ✓ **Les importations :** Les importations sont généralement facturées en devises. Par conséquent, les réserves de changes accumulées précédemment par la Banque Centrale sont utilisées pour payer les fournisseurs étrangers. L'importateur, via sa banque commerciale, remet les sommes correspondantes à la facture d'importation à la Banque Centrale qui met à sa disposition les devises pour payer le fournisseur ;
- ✓ **Les interventions sur le marché des changes** : Pour soutenir le cours de la monnaie nationale en régime de change fixe notamment, la Banque Centrale utilise les réserves de changes pour intervenir sur le marché des changes. Si l'intervention consiste à soutenir vers le haut le cours de la monnaie nationale, la Banque Centrale va vendre une partie des réserves en sa possession. En régime de change flexible, la Banque Centrale peut aussi intervenir pour corriger des variations excessives du taux de change ;
- ✓ **Les transferts des profits des entreprises étrangères :** les investisseurs étrangers qui avaient précédemment investi dans le pays doivent rapatrier leurs profits à leur siège ou dans leurs pays d'origine. Il faut une disponibilité de réserves de changes pour effectuer cette opération ;
- ✓ **Le remboursement de la dette extérieure :** Une partie des réserves de changes sont utilisées pour assurer le remboursement de la dette extérieure du pays.

Vu leur importance stratégique, tous les pays du monde se font fort d'accumuler ces réserves.

Q.6. LES PRINCIPES

La coopération monétaire entre la France et les pays africains de la Zone Franc *(Pays de l'Union Monétaire de l'Afrique de L'Ouest, de l'Union Monétaire de l'Afrique Centrale, le Comores)* est régie par quatre principes fondamentaux :

- ✓ **La fixité des parités:** Les monnaies de la Zone Franc sont convertibles entre elles, à des parités fixes, sans limitation de montants. Ceci signifie que le taux de change établi entre les différentes monnaies et la monnaie en usage en France *(FF hier, Euro aujourd'hui)* demeurera inchangé. Le taux de change entre le FCFA des espaces UMOA et UMAC est de 655,9570 FCFA pour 1 Euro. Le taux de change entre le franc comorien et l'Euro est de 491,9677 FC pour 1 Euro ;
- ✓ **La garantie de convertibilité du trésor français:** La convertibilité des monnaies des trois sous zones africaines est garantie sans limite par le Trésor français. Ceci revient à dire s'il advenait que ces pays africains manquaient de réserves de changes pour exécuter leurs obligations extérieures *(importations, défense du taux de change, financement des transferts)*, la France les leur fournirait;
- ✓ **La libre transférabilité des capitaux:** Les transferts de capitaux sont libres à l'intérieur de la Zone Franc, qu'il s'agisse de transactions commerciales ou des mouvements de capitaux ; en d'autres termes, il n'y a pas de contrôle de capitaux ou d'entrave à la libre circulation des capitaux entre pays de la Zone Franc;
- ✓ **La centralisation des réserves de change**: En contrepartie de la garantie de convertibilité illimitée offerte par la France, les banques centrales africaines sont tenues de déposer au moins 50 % de leurs réserves de changes auprès du Trésor français, sur le compte d'opérations ouvert au nom de chacune d'elles. Ces avoirs sont rémunérés au taux de prêt marginal de la Banque Centrale Européenne (BCE), c'est-à-dire le taux auquel la Banque Centrale prête aux banques européennes dans le cadre de sa politique monétaire.

Q.7. LES MÉCANISMES D'EXÉCUTION DES PRINCIPES

Au-delà des organismes de gouvernance usuels comme le conseil des ministres de chaque union monétaire africaine, les réunions de l'ensemble de la Zone Franc avec la France, les mécanismes opérationnels de mise en œuvre des principes évoqués plus haut sont les comptes d'opérations et les politiques monétaires des banques centrales des pays africains.

a) **LES COMPTES D'OPÉRATIONS**

➢ **Le fonctionnement**

✓ Ce sont des comptes à vue ouverts auprès du trésor français au nom de chaque Banque Centrale africaine. La Banque Centrale des états de l'Afrique de l'Ouest *(BCEAO)* pour l'UMOA, la Banque Centrale des états de l'Afrique centrale (BEAC) pour l'UMAC et la Banque Centrale comorienne ouvrent des comptes courants comme le ferait un particulier auprès de sa banque;

✓ Ces comptes sont rémunérés et offrent la possibilité d'un découvert illimité. Le découvert peut entrainer le paiement des frais financiers au profit du trésor français, comme fonctionne exactement un compte courant d'un particulier ou d'une entreprise;

✓ Ils sont crédités de toutes les rentrées de devises;

✓ Ils sont débités de toutes les sorties de réserves de changes vers le reste du monde *(principalement pour les importations, les interventions sur le marché des changes et les transferts de capitaux ; etc.)* ;

✓ Les comptes sont tenus exclusivement en Euro. Toute autre devise devra par conséquent être convertie en Euro au cours du jour sur le marché de changes de Paris.

➢ **Le dispositif de sauvegarde**

Si les comptes d'opérations permettent aux banques centrales africaines de disposer sans limites de réserves de changes de la part du trésor français, il faut éviter de faire en sorte que ces mises à disposition éventuelles ne deviennent la norme. En d'autres termes, le recours à la garantie illimité du trésor français doit être exceptionnel et non la norme. Pour s'assurer que cette disposition s'applique, les mesures suivantes sont édictées:

✓ Lorsque le rapport entre les avoirs extérieurs *(entrées moins sorties de réserves de changes)* et les engagements à vue *(total masse monétaire en circulation)* de chacune des banques centrales est demeuré, au cours de trois mois consécutifs inférieur à 20 %, le conseil d'administration de la Banque Centrale concernée se réunit en vue d'adopter les mesures appropriées qui sont, le relèvement des taux directeurs, la réduction des montants de refinancement. En d'autres termes, si l'excédent des réserves de changes après exécution des obligations extérieures *(financement des importations et autres utilisations)* est seulement de 20 % de la masse monétaire en circulation, la Banque Centrale doit diminuer la masse monétaire en circulation à travers une politique monétaire restrictive;

✓ les statuts de la BCEAO précisent que lorsque les disponibilités en compte d'opérations présentent une *« évolution qui laissera prévoir leur insuffisance pour faire face aux règlements à exécuter, elle devra alimenter le compte d'opérations par prélèvement sur les disponibilités qu'elle aura pu se constituer en devises étrangères autres que l'Euro, demander la cession à son profit, contre FCFA, des devises détenues par les organismes publics ou privés des pays membres et inviter les États membres à exercer leurs droits de tirage sur le Fonds monétaire international »* Ceci signifie que si les réserves de changes sur le solde sur le compte d'opérations baissent au point de présager des difficultés à couvrir les engagements extérieurs, alors la Banque Centrale doit procéder au ratissage de toutes les devises éventuellement disponibles dans le pays, que ce soit auprès d'entreprises publiques ou privées et même demander aux pays membres de la BCEAO de recourir au prêt du FMI pour user de leurs droits de tirages spéciaux;

✓ *« Les statuts de la BEAC prévoient que lorsque le compte d'opérations est débiteur durant trois décades consécutives, les montants de refinancement maximum sont réduits de 20 % dans les pays dont la situation fait apparaître une position débitrice en compte d'opérations, et de 10 % dans les pays dont la situation fait apparaître une position créditrice d'un montant inférieur à 15 % de la circulation fiduciaire rapportée à cette même situation ».* En termes plus clairs, si le compte d'opérations est débiteur après un mois, le montant de la masse monétaire des pays responsables de cette situation doit être réduit de 20 %. Elle est réduite seulement de 10 % pour les pays ayant généré un solde positif *(mais insuffisant pour rendre le compte d'opérations de la BEAC positif)*.

Ces dispositions extrêmement sévères garantissent en réalité que la garantie du trésor français ne soit appelée ou mise en œuvre qu'en situation d'ultime recours.

b) LA POLITIQUE MONÉTAIRE

Cette analyse se fera à travers la politique monétaire de la BCEAO qui est la même que celle conduite par les 2 autres banques centrales de la Zone Franc.

La BCEAO a défini l'objectif prioritaire de sa politique monétaire comme étant la stabilité des prix, c'est-à-dire la stabilité du taux d'inflation et accessoirement apporter son soutien aux politiques économiques des pays membres, en vue d'une croissance saine et durable. Le niveau opérationnel de taux d'inflation est défini comme « *un taux d'inflation annuel de l'Union compris dans une marge de plus ou moins 1 % de point autour de 2 %* ». En clair, la BCEAO aura réussi sa politique monétaire si le taux d'inflation tourne autour de 2 %, soit à 3 % comme le plafond et 1 % comme le plancher. En définissant un tel taux d'inflation comme objectif de politique monétaire, la BCEAO s'aligne sur la Banque Centrale Européenne qui a pour mandat de limiter le taux d'inflation de la Zone Euro à 2 %. Les résultats de la politique monétaire de la BCEAO sur l'économie de la zone sont soulignés ci-après :

Q.8. IMPACT DU SYSTÈME FCFA SUR LE DÉVELOPPEMENT ÉCONOMIQUE DANS LA ZONE FRANC

La Côte d'Ivoire, étant le pays pivot de l'Afrique de l'Ouest, elle servira de modèle à l'analyse de l'impact du système du FCFA sur le développement économique.

On peut le dire, la BCEAO a réussi son pari de taux d'inflation faible. Le taux d'inflation est en moyenne de 2.5 %. Le taux de change est demeuré stable, mise à part la dévaluation intervenue en 1994. Il n'y a pas d'attaques spéculatives sur la monnaie grâce à la crédibilité du mécanisme du compte d'opérations qui permet de s'assurer de l'existence de réserves de changes suffisantes pour défendre le taux de change Euro/FCFA. Les taux d'intérêt sont relativement bas.

La croissance économique a été forte avec un taux moyen autour de 6 % par an au cours de ces dernières années.

Il n'y a pas de risque de change dans la Zone Franc et cela a permis à la Côte d'Ivoire d'attirer un vaste mouvement d'investissements directs étrangers de l'ordre de 9 milliards de dollars depuis 1975.

Cependant qu'en est-il de la qualité de la vie des citoyens et de la lutte contre la pauvreté ? Comme disent les Anglo-saxons, « *at the end of the day* », c'est-à-dire tout compte fait, quelle est la contribution du système FCFA au bien-être des populations? Ce qui est tout de même l'objectif final de toute politique. Le graphique ci-dessous qui mesure l'évolution en dollar constant du revenu par tête en Côte d'Ivoire permet de bien fixer les choses. L'évolution en dollar constant élimine l'influence du taux de change sur plusieurs périodes. Cela revient à avoir le même taux de change du dollar sur toute la période de 1960 à 2017.

Graphique 9 : évolution du PIB par tête en Côte d'Ivoire de 1960 à 2017

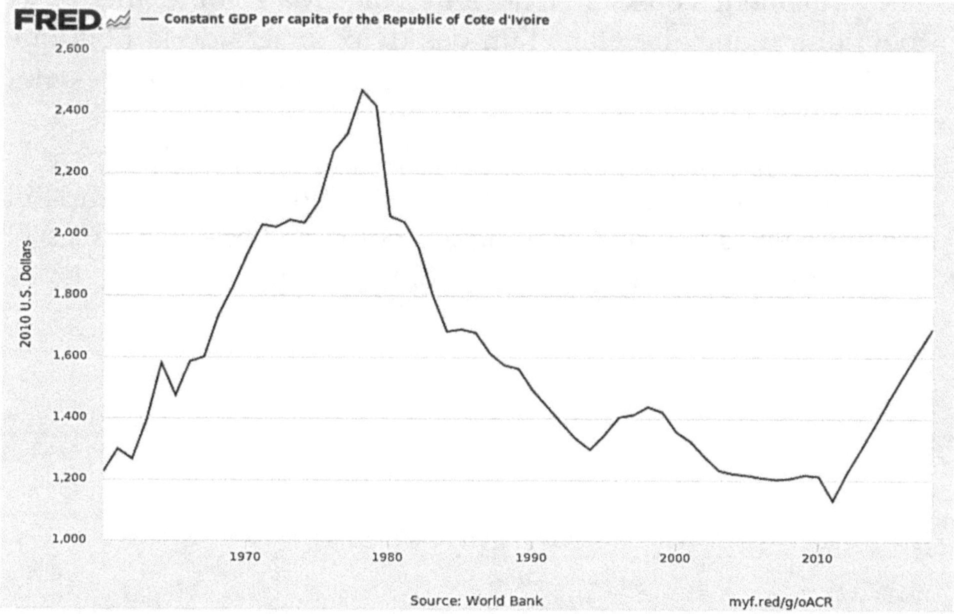

Source : Banque Mondiale

Les enseignements principaux de ce graphique sont les suivants.

- ✓ Le revenu de l'Ivoirien a régulièrement augmenté en moyenne de 1960 à 1979 ;
- ✓ Il atteint son pic en 1979 avec un revenu moyen de 2 400 dollars par an ;
- ✓ À partir de 1980, le revenu moyen baisse drastiquement au point d'atteindre son point le plus bas en 2011 avec un niveau de 1 100 dollars. Le revenu par tête a donc baissé de 54 % de son point culminant à son point le bas après 40 ans.

On constate que l'Ivoirien d'aujourd'hui est bien plus pauvre que celui des années 70. La politique monétaire de la BCEAO telle qu'elle est décrite dans le cadre des accords monétaires du système FCFA n'a pas apporté une contribution significative au bien-être des populations. Il est vrai que ce résultat porte aussi la marque de plusieurs autres facteurs de dérèglement économiques et sociaux comme la corruption, le népotisme, les dictatures, le coup d'État, la rébellion, et la naïveté des populations qui confient leurs destins à des hommes politiques moyennement conscients de leur rôle. Mais toute même, la politique monétaire étant l'un des deux leviers de la politique économique publique, elle ne peut se cacher devant ce résultat accablant.

A titre de comparaison, et pour bien montrer uniquement la trajectoire « *normale* » du revenu par tête d'un pays qui s'enrichit d'année en année, les graphiques pour les USA, la France et l'Inde qui est un pays émergent, sont présentés.

Graphique 10 : évolution du PIB par tête des USA de 1960 à 2017

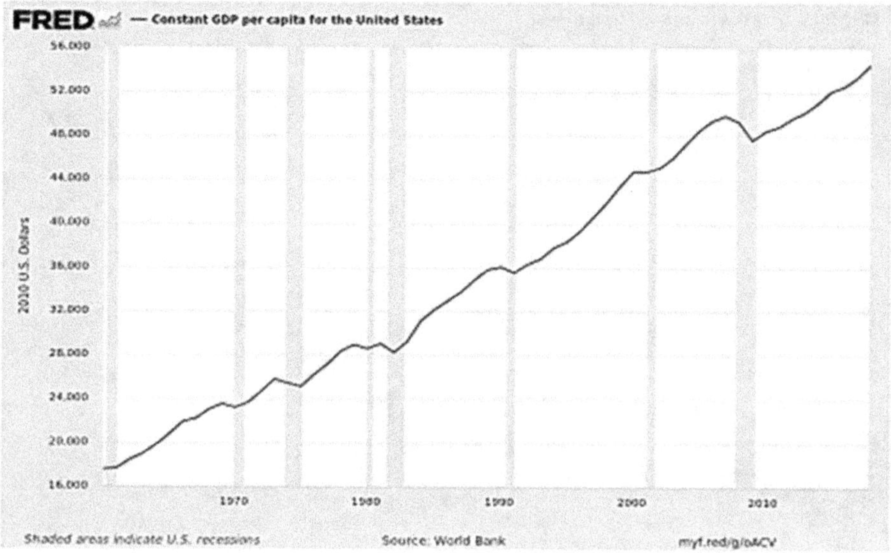

Source : *Source :* Banque Mondiale

Graphique 11 : évolution du PIB par tête de la France de 1960 à 2017

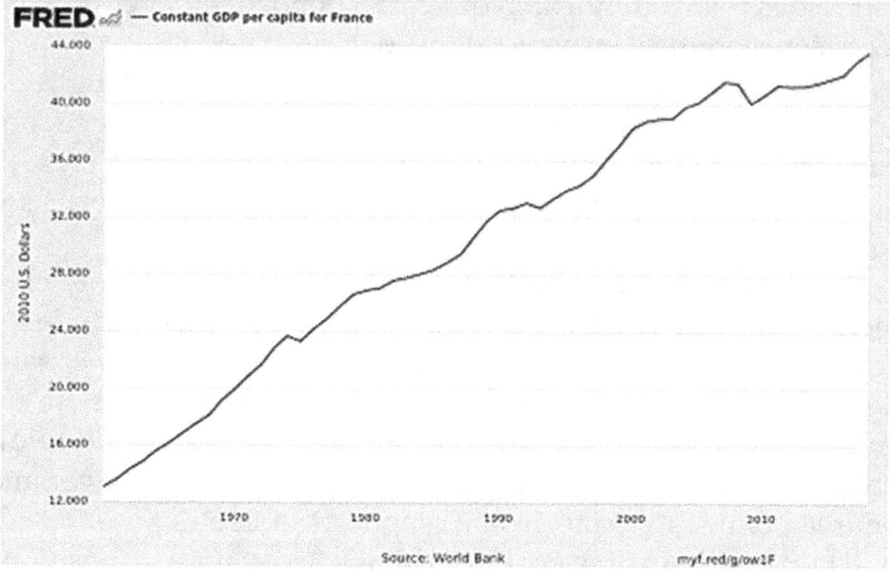

Source : Banque Mondiale *(wdi)*

Graphique 12: évolution du PIB par tête de L'Inde de 1960 à 2017

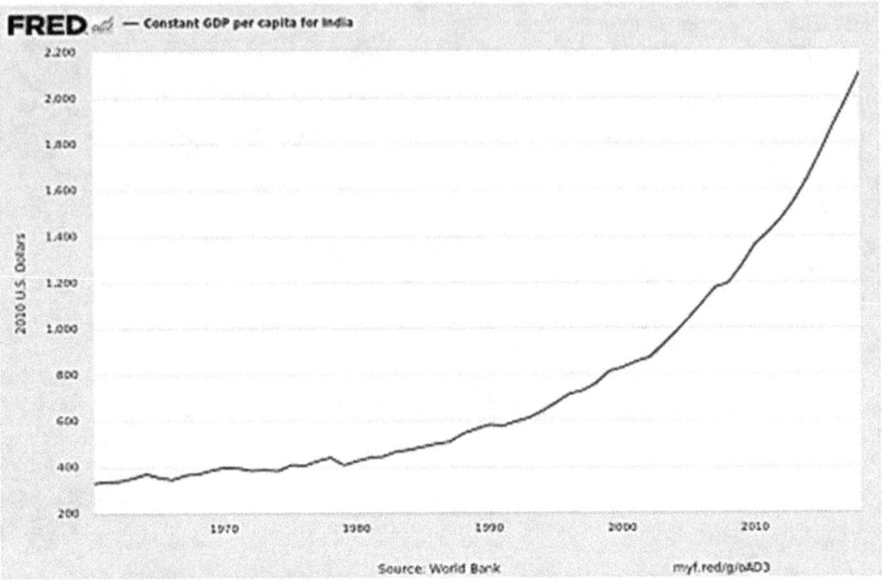

Source : Banque Mondiale *(wdi)*

On constate que la trajectoire pour ces pays est linéaire avec, certes, des points d'inflexion qui correspondent aux périodes de récession, comme il en arrive dans toutes les économies.

La conclusion qui s'impose seule est qu'à travers l'exemple de la Côte d'Ivoire, les pays africains du système du FCFA ne se sont pas enrichis ou développés. Le taux de pauvreté de 73 % en 2017 dans l'UEMOA constaté par le FMI vient confirmer cette conclusion.

Alors que faire ? En effet, la monnaie n'est pas gérée pour elle-même. Elle doit être au service du progrès du pays et du bien-être des populations. Si les populations sont si pauvres et sans dédouaner les autres facteurs ayant abouti à cette situation, un autre rôle doit être donné à la monnaie. Le système du FCFA doit par conséquent être réformé. Pour le faire utilement, et comme pour la bonne médecine, le bon diagnostic doit être posé.

Il faut donc faire une analyse critique de certaines dispositions essentielles du système et proposer des pistes de solutions.

Q.9. ANALYSE CRITIQUE DU SYSTEME FCFA

Les deux piliers du système du FCFA sont la garantie de convertibilité illimitée du trésor français et l'objectif de la politique monétaire des banques centrales africaines du système du FCFA.

a) LA GARANTIE DE CONVERTIBILITÉ ILLIMITÉE DU TRÉSOR FRANÇAIS AUX BANQUES CENTRALES AFRICAINES

Les points d'analyse sont les suivants :

- ✓ Aucune monnaie africaine *(mis à part le rand sud-africain)*, qu'elle soit gérée sous le régime du change fixe ou flottant n'est acceptée dans le commerce international. Pour acheter une aiguille en France, l'Africain doit disposer de la monnaie qui a cours en France, c'est-à-dire l'Euro. Pour vendre son cacao ou son arachide dans ce pays, l'Africain doit faire sa facture en Euro ;
- ✓ Par conséquent, pour faire ses opérations de commerce international, dans une économie ouverte, l'Africain doit disposer des réserves de changes. Comme initialement définies, ces réserves sont des avoirs détenus principalement dans la monnaie du pays avec lequel on commerce le plus. Elles peuvent être détenues, soit, sous forme liquides *(comptes en banque)*, soit, sous forme d'actifs financiers à risque zéro *(titres de dettes émis par les États avec une excellente notation internationale)*. Les modalités de constitution de ces réserves ont été déjà expliquées, notamment à l'occasion d'opérations d'exportation ;
- ✓ Les accords monétaires de la Zone Franc disent ceci : Comme les pays africains exportent peu, le risque qu'ils soient à court de réserves de changes pour acheter à l'étranger et satisfaire les demandes de consommation des populations locales est bien réel. La survenance d'un tel évènement causerait des troubles dans ces pays et serait aussi un manque à gagner pour les exportateurs français et européens qui font des affaires avec ces pays ;
- ✓ Pour remédier à ce problème, les accords monétaires du FCFA proposent que la France, à travers son trésor public

qui gère ses réserves à elle, puisse mettre à la disposition des pays africains les réserves de changes nécessaires pour combler le déficit éventuel ;

- ✓ En contrepartie de cette offre française, les pays africains centralisent une partie de leurs réserves de changes *(50 % de nos jours)* dans les livres du trésor français. Ceci équivaut à une opération bancaire ordinaire dont, sans doute, chacun de nous a déjà fait l'expérience avec sa banque. En effet, pour vous faire un prêt, la banque a bien sûr le droit de savoir vos revenus et vous demander de domicilier votre salaire dans ses livres. C'est cela l'essence des comptes d'opérations.

C'est donc une opération équitable et qui devrait servir les intérêts des deux parties.

Comment ce contrat a-t-il fonctionné dans la réalité ?

C'est un rapport de la Cour des Comptes de la France de Mai 2012 qui en parle le mieux. Ce rapport dit « *Depuis la mise en œuvre des accords de coopération monétaire, le compte d'opérations n'a été débiteur qu'à cinq reprises et pour des périodes de temps limitées* ». Plus loin, la Cour des Comptes estime qu'il est très difficile de mesurer le coût budgétaire de la garantie du trésor français aux comptes d'opérations parce que « *pour l'essentiel il s'agit d'une garantie qui n'a été mise en œuvre qu'une fois en presque 50 ans* ».

On peut donc conclure que la garantie offerte par la France, à travers le trésor public n'a presque pas été utilisée. La capacité des pays africains à générer des réserves de changes en propre pour financer leurs engagements extérieurs a été la norme. Dans ces conditions, et avec la diversification, certes lente, mais irréversible des économies africaines, est-il encore possible de maintenir ce type cette clause?

Pratiquement, l'utilité de cette clause est d'ordre psychologique à l'endroit des investisseurs et opérateurs économiques français et européens présents sur la destination Afrique. En effet, le fait que le trésor français s'engage à se substituer aux banques centrales africaines en cas de manque de liquidités internationales les rassure certainement.

Ainsi l'utilité de la clause de la garantie de la convertibilité illimitée du FCFA par le trésor public n'est plus d'ordre factuel, mais plutôt psychologique. Si on retient le facteur psychologique comme un facteur de décision d'investissement, alors, l'arrangement peut être maintenu en l'état. Par contre, si l'avis contraire l'emporte, alors on peut migrer les comptes d'opérations à la Banque Centrale européenne, comme le font tous les pays qui commercent avec l'Europe.

On voit que l'implication du trésor français qui fonde les principes de parité, de convertibilité, de libre circulation des capitaux et de centralisation des réserves de changes, est une assurance tous risques pour les investisseurs européens qui opèrent en Afrique. Cette assurance sert aussi bien les intérêts européens que africains. En effet, les investisseurs européens sont assurés de recevoir dans leur monnaie d'origine (l'Euro) et à un taux de change stable, le produit de leurs ventes, le retour sur investissement de leurs actifs financiers ou parts sociales dans des entreprises en Afrique.

De même, les Africains, qui ont un déficit chronique d'épargne, donc peu à même d'investir, peuvent trouver des emplois, collecter l'impôt avec les entreprises ainsi créées.

Cependant les choses évoluent et l'Afrique attire de plus en plus les investisseurs sans ce type d'assurance. On peut donc se poser la question de la suppression de cette assurance.

b) LA POLITIQUE MONÉTAIRE DE LA BCEAO

L'objectif affiché de la politique monétaire de la BCEAO est la stabilité des prix avec un taux d'inflation de 2 %. La hausse des prix doit être comprise dans une fourchette de plus ou moins 1 % autour de 2 %. Le taux d'inflation le plus bas acceptable est de 1 % et le taux d'inflation le plus haut, acceptable est de 3 %.

Lorsqu'on examine les objectifs de taux d'inflation des banques centrales occidentales, notamment européenne et américaine, l'on se rend compte qu'elles ont les mêmes objectifs de taux d'inflation que la BCEAO.

La question qui se pose alors est de savoir pourquoi, les banques centrales occidentales fixent le taux de 2 % comme la hausse des prix acceptable pour leurs économies. La réponse à cette question permettra de questionner aussi l'objectif de la BCEAO assis sur la même variable.

➢ **Pourquoi les banques centrales occidentales visent un taux d'inflation de 2 % ?**

L'inflation nait généralement du déséquilibre entre la demande solvable *(acheteurs de biens et services capables de payer)* et l'offre disponible *(vendeurs des biens et services)*. Si l'offre et la demande sont équivalentes, alors les prix ne changent pas. Si la demande est supérieure à l'offre, alors les prix augmentent. Dans le cas contraire, les prix baissent.

Prenons l'exemple suivant :

- ✓ On a sur un marché 100 consommateurs, chacun avec 1 franc de revenu disponible et 100 vendeurs d'oranges ;
- ✓ La masse d'argent *(masse monétaire)* disponible est donc de 100 francs.
- ✓ Si le commerçant vend l'orange à 1 franc, l'unité, alors les 100 consommateurs peuvent acheter les 100 oranges ;
- ✓ Si un des commerçants veut vendre son produit à 2 francs, il n'aura personne pour l'acheter car le revenu de sa clientèle est limité à 1 franc et il peut trouver un commerçant qui veut bien lui vendre l'orange à 1 franc.
- ✓ Puisqu'il ne trouvera personne pour acheter l'orange à 2 francs, ce commerçant sera obligé de vendre à 1 franc;
- ✓ Le marché est alors équilibré. Les 100 francs de revenus vont acheter les 100 oranges à raison de 1 franc par orange ;
- ✓ Supposons maintenant que chacun des 100 consommateurs voit son revenu augmenté à 2 francs et que les commerçants disposent toujours de la même quantité d'oranges *(100)* ;
- ✓ La masse monétaire disponible est de 200 francs contre des produits disponibles de 100. Les commerçants vont augmenter les prix et vendront l'orange à 2 francs à l'unité.

Ainsi sur ce marché, le prix de l'orange passe de 1 franc à 2 francs parce que la masse d'argent disponible est passée de 100 f à 200 f pour la même quantité d'oranges. La hausse des prix sur ce marché est donc de 100 %. La hausse des prix est donc due à la hausse de la masse d'argent disponible.

Cet exemple résume la théorie quantitative de la monnaie qui est le fondement de la politique monétaire des pays occidentaux qui est la suivante :

MV=PQ

Ou M est la masse monétaire en circulation, V la vitesse de circulation de la monnaie, P le prix des biens et services, et Q, la quantité des biens et services.

Le raisonnement des Occidentaux est le suivant :

- ✓ Il n'y a presque pas de chômage dans l'économie (*ce sont des économies de plein emploi où le taux de chômage est autour de 5 %, pour les plus brillants et 10 à 15 % pour les moins studieux)* ;
- ✓ Le capital fixe, c'est-à-dire les usines tournent à plein régime et sont presque au maximum de leurs capacités de production ;
- ✓ Puisque les facteurs de production, notamment le travail et le capital, sont presque tous employés, la variation de la production de l'économie d'une année à l'autre sera faible ;
- ✓ Les consommateurs constitués des travailleurs sont en emploi et ont des revenus stables qui ne vont pas augmenter ostensiblement d'une année à l'autre ;
- ✓ Les conditions d'un équilibre entre la demande *(les travailleurs avec des revenus stables)* et l'offre *(les usines au maximum de leurs capacités de production)*, sont réunies ;
- ✓ Par conséquent, la variation des prix des biens et services d'une année à l'autre sera faible, disons de 2 % ;
- ✓ Si les consommateurs disposent de plus d'argent qu'ils n'en ont déjà, ils désireront consommer davantage alors que les usines ne pourront pas produire plus qu'elles ne le font déjà. Cela va créer un déséquilibre entre la demande et l'offre et les prix vont s'envoler ;
- ✓ Pour éviter que cet argent supplémentaire qui créerait le chaos ne soit disponible, alors la Banque Centrale va serrer les taux d'intérêt directeurs pour que les

consommateurs ne viennent pas emprunter auprès des banques commerciales.

Au regard de ce raisonnement, V la vitesse de circulation de la monnaie est quasi stable, Q, la quantité des biens et services est quasi stable. L'évolution de P, le prix des biens et services sera uniquement fonction de l'évolution de M, la masse monétaire.

Par conséquent, pour maintenir les prix à leurs niveaux actuels ou dans une fourchette de variation de 2 %, il ne faut pas que M, la masse monétaire augmente sensiblement. L'inflation chez les Occidentaux est donc d'essence monétaire. Il ne faut donc pas créer trop de monnaie pour ne pas que les prix flambent, dans la mesure où il n'y aura pas suffisamment de produits et services dans l'immédiat pour absorber le surcroit de demande générée par la masse d'argent supplémentaire.

C'est pourquoi l'objectif de taux d'inflation affiché des banques centrales occidentales est de 2 %. L'objectif de croissance économique est de 2 à 5 % maximum.

- **Pourquoi les banques centrales africaines visent un taux d'inflation de 2 % ?**

Les variables économiques des pays africains sont totalement différentes des pays occidentaux. En Afrique, les facteurs de productions sont totalement sous-employés. Si on prend le facteur travail, le rapport 2018 de la banque africaine de développement sur l'état des économies africaines dit que le taux de chômage en Afrique navigue autour de 90 %.

L'étude sur l'emploi et le revenu publiée par l'institut nationale de statistiques de Côte d'Ivoire en 2013, montre que 87 % de la population active vit dans la précarité sans revenus réguliers (*aides familiales, chômeurs, travailleurs du secteur informels*).

Selon M. Li Yong directeur général de l'Organisation des Nations Unies pour le développement industriel, « *En examinant les parts dans la valeur ajoutée manufacturière mondiale en 2014, on constate que la région de l'Asie et du Pacifique avait une part de 44.6 %, alors que celle de l'Afrique n'était que de 1.6 %* ».

L'Afrique produit peu et utilise seulement une part ridicule de son capital humain. Il ne peut donc pas y avoir à court terme un déséquilibre entre la demande et l'offre. On peut même dire que l'offre et la demande restent à être créées.

Dans ces conditions, la politique monétaire en Afrique devrait être diamétralement opposée à celle de l'occident. Des gisements de croissance sont possibles. Pour les sortir de terre, il faut créer suffisamment des ressources financières à travers une politique monétaire expansive.

Au vu de ce qui précède et au terme de cette analyse, on peut conclure que la politique monétaire de la BCEAO est inadaptée.

Q.10. DES PISTES DE SOLUTIONS

Ces propositions sont de deux ordres. Premièrement, les propositions qui visent à adapter le système du FCFA à la situation économique d'aujourd'hui et deuxièmement, introduire un nouveau dispositif de financement pour booster les capacités de financement du système bancaire.

a) REFORMES DU SYSTÈME ACTUEL

➢ LA GESTION DU COMPTE D'OPÉRATION

Tout le système du CFA repose sur la garantie de convertibilité illimitée offerte par le trésor français. Il a été démontré que cette garantie, en pratique, n'a presque jamais été appelée. Elle est, en réalité une assurance tous risques pour les investisseurs européens.

Fort de cette assurance, ils peuvent investir en Zone Franc, sans s'inquiéter de recevoir en Euro, à un taux fixe, les produits de leurs affaires en Afrique. La question qui se pose alors est de savoir si cette assurance sert toujours à quelque chose dans le monde d'aujourd'hui. Devons-nous la maintenir, l'aménager ou l'abandonner ?

Il faut le dire tout net, au moment où ces accords étaient signés au début des indépendances des pays de la Zone Franc, cette assurance était absolument nécessaire. Il fallait montrer aux investisseurs privés français, principalement, que le système du FCFA était soutenu par un État bien plus solide que les États africains qui venaient à peine de sortir de la période coloniale et qui n'avaient pas l'expérience des rouages financiers internationaux. Avec l'assurance donnée par la France, le taux de change fixe serait maintenu en tout temps et les réserves de changes seraient toujours disponibles pour atteindre cet objectif. 58 ans après la signature des premiers accords monétaires, cette assurance ne parait plus tout à fait fondamentale pour plusieurs raisons:

- ✓ Les banques centrales africaines ont emmagasiné suffisamment d'expérience dans la gestion monétaire et les modalités des paiements internationaux ;
- ✓ Depuis la dévaluation de 1994, les réserves de changes sont constamment positives et le taux d'alerte de 20 % des réserves extérieures sur masse monétaire est constamment dépassé;
- ✓ L'Afrique attire de plus en plus d'investisseurs venant d'horizons divers. La concurrence jouant, les investisseurs français ou européens ne peuvent pas trainer les pieds sous prétexte qu'ils n'ont pas de garantie de paiement en Euro. Une telle attitude leur ferait perdre des parts de marché ;
- ✓ Les investisseurs français, eux-mêmes, ont largement diversifié leurs investissements dans d'autres pays africains hors Zone Franc, ou l'État français n'offre pas ce type d'assurance.

Naturellement, il faut être conscient des risques éventuels. Un retournement drastique de la situation économique des pays africains est toujours possible, notamment la chute des prix des matières premières.

Par ailleurs, le retrait de cette assurance, pourrait donner des idées à certains acteurs financiers qui pourraient lancer des attaques spéculatives sur le FCFA en vue d'en tirer un profit. Une attaque spéculative est une opération par laquelle, un spéculateur disposant de ressources importantes *(empruntées ou en propres)*, prend le pari que les autorités monétaires africaines n'ont pas suffisamment de réserves de changes pour soutenir la parité fixe du FCFA. Il vend du FCFA en grande masse pour faire tomber le cours du FCFA vis-à-vis de l'Euro. En pareille circonstance, les autorités monétaires doivent contrer en vendant de l'Euro en vue d'enrayer la chute du CFA et maintenir le taux de change fixe. Si ces autorités n'ont pas suffisamment de réserves de changes pour mener à bien cette opération, le cours du FCFA va continuer de baisser.

D'autres acteurs qui voient le cours du FCFA plonger, vont également se débarrasser de leurs avoirs dans cette monnaie. Les autorités seront alors obligées de procéder à une dévaluation de la monnaie, c'est-à-dire, trouver un nouveau taux de change d'équilibre vers le bas. Le spéculateur qui avait vendu les FCFA au niveau d'équilibre initial va racheter les FCFA au nouveau taux de change de la dévaluation, largement inférieur au taux de change initial. Il s'en suivra un profit énorme pour le spéculateur et des déboires immenses pour les économies du système FCFA.

Tout en tenant compte de ces risques, et au vu du nouvel environnement économique et monétaire évoqué plus haut, il est clair que cette garantie n'est plus nécessaire. Les réserves de change peuvent être désormais logées dans les comptes de la BCE. Les banques centrales africaines peuvent convertir une partie de ces liquidités en bons du Trésor français. Le volume de ces bons du Trésor français dans le portefeuille des banques centrales serait discuté par les parties. Cette discussion sera d'autant plus facile que les bons du Trésor français sont extrêmement bien cotés sur le marché international. Ils bénéficient des meilleures notations possibles et par conséquent ne posent aucun problème de liquidité, s'ils devaient être cédés pour effectuer les paiements internationaux.

- **L'objectif de politique monétaire des banques centrales**

Il vient d'être démontré que l'objectif de taux d'inflation de 2 % calqué sur la BCE n'est pas opérant en Afrique. Il convient alors d'être plus ambitieux et définir de nouveaux objectifs. La politique monétaire des banques centrales africaines doit carrément changer. Elle doit viser un taux de croissance minimum de 10 % par an pour s'accommoder d'un taux d'inflation de 5 % par an.

Sur la base de ces données, du taux de croissance *(6 % en moyenne)* et du taux d'inflation de 2,5 % observés dans la Zone Franc, et en utilisant la règle de Taylor, les taux d'intérêt directeurs devraient tourner autour de 1.25 %. Ce taux est bien loin du taux directeur actuel de la BCEAO qui est de 4.5 %.

A ce taux de 1,25 % de refinancement auprès de la Banque Centrale, les banques commerciales devraient prêter à des taux inférieurs à ceux d'aujourd'hui. Cela devrait relancer la consommation et la production pour obtenir le taux de croissance désiré de 10 % même si le taux d'inflation va monter en moyenne de 2,5 % à 5 %.

Cependant, avoir des objectifs de politique monétaire est une chose, mais les transcrire dans la réalité est une autre chose. La transcription de cette politique se fait par l'intermédiaire des banques commerciales qui font des crédits aux agents économiques à savoir les ménages, les entreprises et l'administration.

Pour que les banques commerciales distribuent du crédit, il faut au moins deux conditions, à savoir des ressources moins chères en abondance et des contreparties solvables *(les emprunteurs qui remboursent sans problème).*

Si la politique monétaire proposée avec un taux directeur tournant de 1 % à 2 % permet de régler la question des ressources à bon marché, il reste l'obstacle de la solvabilité des emprunteurs. Dans la zone BCEAO, au dernier trimestre 2017, le taux de dégradation brut du portefeuille était de 16.1 %. Dans ces conditions, les banques seront très sélectives dans l'octroi des crédits.

Par ailleurs, un des éléments qui freinent la distribution du crédit est la délocalisation des centres de décisions des banques de la zone BCEAO. En 2016, 70 % des 27 groupes bancaires qui opèrent dans cette zone ne sont que des filiales de grands groupes étrangers. Or une filiale par définition, obéit d'abord et exclusivement à sa maison mère. Les objectifs de rentabilité et de risque sont décidés ailleurs. Si la maison mère fixe un niveau d'engagements à prendre, la filiale s'exécutera même si cela n'est pas conforme aux objectifs de politique monétaire du pays.

Au vu de ce qui précède, et pour rendre percutante la nouvelle politique monétaire, il faut envisager les actions suivantes :

- ✓ Améliorer le profil de risque des demandeurs de crédit. Vu la prépondérance des PME et de l'informel dans l'économie africaine, des actions d'encadrement, de formation et de formalisation de ces entreprises doivent être menées dans tous les pays ;
- ✓ Encourager la création des banques commerciales par les investisseurs locaux. Une banque comme Ecobank a été créée à l'initiative des chambres de commerce de l'Afrique de l'Ouest. Il est encore possible de faire pareil ;
- ✓ Créer dans tous les pays des banques pour les PME fortement dotées. C'est vrai que des initiatives similaires ont été prises dans le passé, mais il faut le refaire en renforçant la gouvernance. Ces banques pourraient être créées en collaboration avec des organismes internationaux qui siégeraient dans les conseils d'administration pour assurer une meilleure transparence dans la gestion.

b) LE DISPOSITIF NOUVEAU

L'idée de la création d'une ligne internationale de refinancement logée dans les banques centrales africaines est à explorer.

Le concept de refinancement consiste pour une banque commerciale *à « vendre »* à une Banque Centrale un crédit déjà octroyé à un de ses meilleurs clients pour disposer de nouvelles ressources pour prêter à un autre client.

Supposons une banque commerciale qui fait un prêt de 1000 FCFA à un de ses meilleurs clients, les Ets Lamine. La banque commerciale sollicite la Banque Centrale pour lui faire un prêt de 1000 FCFA représentant le montant du prêt fait à Ets Lamine. Si la Banque Centrale est satisfaite de la qualité du client Ets Lamine, elle avance les fonds à la banque commerciale. Avec les 1000 FCFA reçus de la Banque Centrale, la banque commerciale fait un autre prêt du même montant à son client Ets Koffi. Ainsi la banque commerciale aura fait des prêts d'un montant cumulé de 2000 FCFA alors qu'elle n'avait que 1000 FCFA à prêter. Le refinancement est un puissant moyen de financer l'économie.

Cette ligne internationale de refinancement proposée peut être logée dans les banques centrales africaines mais non pourvues par elles.

En effet, si ces lignes étaient pourvues par les banques centrales africaines, elles mettraient à mal la stabilité du taux de change. Comme on a pu le voir avec l'exemple décrit plus haut, le refinancement aboutit à accroître la masse monétaire dans le pays. L'accroissement de la masse monétaire équivaut à une baisse des taux d'intérêt, ce qui entraine la baisse du cours du CFA vis-à-vis l'Euro. Cette baisse va provoquer l'exode des investisseurs du FCFA vers l'Euro. Le cours de l'Euro va monter et les banques centrales africaines pourraient manquer de réserves de changes en Euro suffisantes pour ramener le taux de change à la parité fixée. Le ratio réserves de changes sur masse monétaire va se dégrader avec une hausse de la masse monétaire et la baisse des réserves de changes en Euro de la Banque Centrale.

En mettant en place une ligne internationale de refinancement dotée à l'extérieur, la question des réserves de changes est réglée. La mise à disposition de la ligne permet de collecter des réserves de changes. La contrepartie de ces réserves constitue la masse monétaire. Ainsi on a simultanément une hausse des réserves de changes et une hausse de la masse monétaire.

Les grands traits proposés de cette ligne seraient :

- ✓ Le montant est égal à 50 % des crédits accordés par les banques commerciales du pays ;
- ✓ La ligne doit être libellée dans une monnaie relativement stable (Euro, Yuan).
- ✓ La maturité ou délai de remboursement est de 3 à 5 ans, sinon plus ;
- ✓ Les banques commerciales locales éligibles doivent respecter au moins 90 % des normes prudentielles et avoir les meilleures notations des meilleures organisations internationales en la matière et des services spécialisés des banques centrales africaines ;

- ✓ Ces lignes sont négociées par le gouvernement, en relation avec la Banque Centrale et l'association professionnelle des banques du pays ;
- ✓ La banque mondiale peut apporter sa contribution sous forme de garantie MIGA.

Au 31 décembre 2016, l'ensemble des crédits octroyés par les banques de la zone BCEAO était de 16 650 milliards de FCFA. Le montant de la ligne de refinancement pour cette zone serait de 8 325 milliards de FCFA, soit environ 14 milliards de dollars.

Cela dit, quelle serait la probabilité de mobilisation d'une telle ligne ?

Les capitaux en quête d'emplois de qualité existent dans le monde. Il ne s'agit pas ici de prêter à un gouvernement, mais à des banques commerciales qui ont des actifs sous-jacents de bonne qualité en vue d'accélérer le développement de l'Afrique et de l'intégrer dans l'économie mondiale.

Un pays comme la Chine qui a des excédents de réserves de changes énormes, et qui a décidé d'investir plus 60 milliards de dollars en Afrique peut fort bien participer à ce programme.

En conclusion de cette discussion sur le système du FCFA, les propositions suivantes sont retenues:

- ✓ Maintenir le régime de change fixe du FCFA et sa parité avec l'Euro ;
- ✓ Délocaliser les comptes d'opérations du trésor français à la Banque Centrale Européenne ;
- ✓ Acheter des bons du Trésor français dans la gestion du portefeuille des banques centrales africaines ;
- ✓ Changer la politique monétaire des banques centrales pour une croissance véritable de l'Afrique ;
- ✓ Combiner l'application d'une telle politique monétaire avec la constitution de groupes bancaires endogènes, le renforcement des capacités des entrepreneurs et la migration progressive du secteur informel vers le secteur formel ;
- ✓ Mettre en place une ligne internationale de refinancement à moyen et long terme.

CONCLUSION

Ce cheminement didactique s'est voulu pratique et logique afin de mettre à la portée de tous les outils de l'analyse économique.

Après tout, c'est l'ensemble de la communauté qui subit les conséquences négatives ou positives des politiques économiques publiques.

Les actes posés par un ménage, une entreprise et des évènements de l'autre bout du monde influencent également le quotidien de chacun d'entre nous.

Il était donc nécessaire que tous s'approprient l'analyse économique qui ne sera plus du domaine réservé des spécialistes.

Il devient ainsi plus aisé de comprendre une démarche économique spécifique donnée, de la questionner et éventuellement la rectifier pour le bénéfice de tous.

Les sujets brûlants de l'actualité économiques ne seront plus des mystères. Le citoyen devient ainsi un acteur dépourvu de complexe. Il donne son avis avec certitude. Il profite des opportunités d'affaires, et choisit mieux ses dirigeants. C'est toute la communauté qui gagne.

CONCLUSION

BIBLIOGRAPHIE

Michael McLeay, Amar Radia and Ryland Thomas (2014), "Money creation in the modern

Economy" Bank of England, Quarterly Bulletin, Q1

Thomas J. Jordan (Zurich, le 16 janvier 2018), "Comment la banque centrale et le secteur bancaire créent de la monnaie"

Frank van Lerven (2016), "A guide to public money creation, outlining the alternatives to quantitative easing "

Deutsche Bundesbank Monthly Report (April 2017), "The role of banks, non-banks and the Central bank in the money creation process"

Central Bank of Nigeria, Monetary Policy Department (2006), "How does the monetary policy decisions of the central bank of Nigeria affect you? Part two; the interest rate effect"

Garreth Rule (2015), "Understanding the central bank balance sheet", Bank of England

Chairman Bernanke's Press Conference (December 18, 2013) "Transcript of Chairman Bernanke's Press Conference December 18, 2013"

Christopher J. Neely (2017); "Chinese Foreign Exchange Reserves, Policy Choices and the U.S. Economy", FEDERAL RESERVE BANK OF ST. LOUIS, working paper series

International Monetary Fund fact sheet, (2016), "Droit de Tirage Spécial (DTS)"

Tchétché N'Guessan (2008), "Gouvernance collégiale de banque centrale et politique monétaire" L'harmattan

Kako Nubukpo (2007) "Politique monétaire et servitude volontaire : la gestion du franc CFA par la BCEAO ", Politique Africaine, N° 105, Mars 2007, Karthala

Nicolas Agbohou (2000) "Le Franc CFA et l'Euro contre Afrique" Éditions Solidarité Mondiale A.S

Fanny PIGEAUD, Ndongo Samba SYLLA (2018) "L'arme invisible de la Françafrique" La Découverte

R.A. Mundell "A Theory of Optimum Currency Areas ", American Economic Review, n°4, 1961

Banque de Banque (2017) "Rapport annuel de la zone Franc"
Banque de Banque (1994) "Rapport annuel de la zone Franc"
Cour des Comptes (2012) "Compte de concours financiers ; accords monétaires internationaux" France
Patrick Guillaumont, Sylviane Guillaumont Jeanneney (2012) "Les accords de coopération monétaire de la Zone franc : atouts et contraintes" Symposium du 40ème Anniversaire de la Banque des États d'Afrique Centrale "Intégration monétaire en Afrique : expériences et perspectives"
Mamadou Koulibaly (1995) "Comprendre la dévaluation du Franc CFA en 1994", Audace Institute
Bruno Tinel (2016) "Le fonctionnement des comptes d'opérations et leur rôle dans les relations entre la France et les pays africains" Documents de travail du Centre d'Économie de la Sorbonne
Convention de compte d'opérations des États de l'Afrique Centrale (2007) Signé entre le directeur général du trésor et de la politique économique de la France et le président du Conseil d'administration de la banque centrale des états de l'Afrique centrale
BCEAO (2012), "politique monétaire et coordination des politiques macroéconomiques : expérience de l'UEMOA" atelier régional sur les expériences de convergence et d'établissement de monnaies uniques en Afrique (Addis Abeba, 26-27 juillet 2012)
Ousmane Doré, "Les défis de l'intégration monétaire en Afrique de l'Ouest"
Liu Pan, Zhu Junbo (2008), "The Management of China's Huge Foreign Reserve and its Currency Composition", The Institute of Management Berlin at the Berlin School of Economics
Fritz Machlup (1966) "International monetary systems and the free market economy" in international payments problems: A symposium (Washington: American Entreprise Institute for Public Policy Research)
Jeffrey Frankel (2011), "Choosing an Exchange Rate Regime" Harvard Kennedy School
Samih Antoine Azar (2014) "Foreign Reserve Accretion and Money Supply Creation: Lebanon's Experience under an Adjustable Peg" Haigazian University, Beirut, Lebanon
Fonds Monétaire International (2013) "Réserves internationales et liquidité en devises ; directives d'emploi du formulaire type de déclaration des données"

Mario de Zamaróczy, Vincent Fleuriet, José Gijón (2018) "Gestion des réserves internationales de la CEMAC, Une nouvelle approche à moyen terme" Fonds Monétaire International, Département Afrique

Bank of England (2009), "Quantitative easing explained; putting more money into our economy to boost spending"

Paul R. Krugman, Maurice Obstfeld (2006), "International Economics, Theory and Policy "Pearson Addison-Wesley

Brent Radcliffe (2011), "How the Triffin Dilemma Affects Currencies" Investopedia

Bijan B. Aghevli (199), "La crise asiatique : Causes et remèdes"

John B. Taylor (1993), "Discretion versus policy rules in practice" Carnegie-Rochester Conference Series on Public Policy; North-Holland

John B. Taylor (2015) "A Monetary Policy for the Future" IMF conference on "Rethinking Macro Policy III, Progress or Confusion?"

Pier Francesco Asso, George A. Kahn, Robert Leeson (2010) "The Taylor Rule and the Practice of Central Banking" The Federal Reserve Bank of Kansas City, Research Working Papers

Jean-Baptiste Desquilbet, Patrick Villieu (2015) "La théorie du policy-mix : un bilan critique" Perse

http://www.bized.co.uk (2007) "Measures of Economic Performance"

Pierre Crevits, Catherine Rigo (2009), "Cerner l'activité économique ; Mieux comprendre les indicateurs économiques"

Aaron A. Estis Senior Manager KPMG Consulting (2002), "Using the Balanced Scorecard to Measure Government Performance" Presentation to the World Bank Washington, DC April 2002

UNDP Human Development Report Office (2015), "Training Material for Producing National Human Development Reports"

Timothy C. Irwin (2015), "Defining the Government's Debt and Deficit" IMF Working Papers

Commission européenne (2000), "La politique fiscale dans l'Union européenne" Office des publications officielles des communautés européennes 1-2985 Luxembourg

Vito Tanzi, Howell Zee (2001) "Une politique fiscale pour les pays en développement" Dossiers économiques, Fonds Monétaire International

International Monetary Fund, "Balance of Payments and International Investment Position Manual" Sixth Edition (BPM6)

ANNEXE : ENCADRÉS

<u>ENCADRE 1 :</u> CONVERSATION ENTRE **M. X** ET **M. Y** SUR LA MONNAIE ET LE FCFA

X. Frère, toi qui as étudié l'économie chez les Blancs, dis-moi pourquoi les gens parlent trop du FCFA tous les jours. L'autre jour, RFI en parlait. C'est quoi la monnaie ?

Y. Oui c'est vraiment devenu un sujet brûlant. La monnaie, c'est l'instrument qui a permis aux êtres humains de se passer du troc et d'échanger les biens de manière transparente. Avec le troc, on échange une tomate contre une mandarine. Mais est-ce que la mandarine vaut vraiment la tomate ? Et celui n'a ni l'une ou l'autre comment fait-il ?. Alors les hommes ont inventé la monnaie qui permet de mesurer la valeur de tout bien et service de manière transparente, facilite donc les échanges entre les différentes personnes. Avec la monnaie, on peut reporter ses achats à une date ultérieure et le faire au moment qui paraît opportun.

X. Ok Mon frère. Dis-moi alors, et pour le FCFA ?

Y. Le FCFA est une monnaie qui remplit les fonctions dont je viens de parler. A l'origine, c'est le gouvernement français qui en 1945 a décidé de donner ce nom à cette monnaie. FCFA signifie alors "*Francs des Colonies Françaises d'Afrique*" en opposition au franc qui circule en France.

X. Donc on peut utiliser le FCFA en France ?

Y. Non, pas directement. Pour utiliser le FCFA en France, il faut le transformer en francs de la France. La Banque Centrale de France établit les règles de transformation qu'on appelle taux de change. En 1945 le taux de change était 1FCFA=1,70 FF. Aujourd'hui il est de 1FCFA= 0,0015 Euro. Entre-temps, le FF est devenu Euro depuis 2002.

X. Pourquoi le FF est devenu Euro.

Y. Çà, ce sont des arrangements entre Européens dont on peut parler une autre fois.

X. OK. C'est compris. On revient à nos moutons. Donc les gens qui disent que le FCFA est une monnaie coloniale ont raison.

Y. Oui ils ont raison parce que la monnaie a été baptisée ainsi par les colons, même si entre-temps le nom a quelque peu évolué pour devenir "*Communauté Financière Africaine*".

X. Donc les Africains peuvent modifier le nom pour l'africaniser.

Y. Oui tout à fait.

X. Mais pourquoi on dit les Africains doivent déposer 50 % de leur argent en France alors qu'ils peuvent l'utiliser pour se développer.

Y. Les 50 % dont il s'agit ici sont les réserves de changes. Quand un Ivoirien vend un kg de cacao en France, il reçoit des Euros en échange. Les Français paient seulement en Euros. Mais on n'utilise pas les Euros en Côte d'Ivoire. Donc, il faut trouver un moyen de transformer les Euros en FCFA. Ce moyen est la Banque Centrale. Elle prend les Euros et donne les FCFA à l'Ivoirien qui a vendu le cacao. Cet échange entre Euro et FCFA se fait par l'intermédiaire du taux de change dont j'ai parlé tout à l'heure.

X. Mais pourquoi la Banque Centrale garde-t-elle les Euros ?

Y. Elle garde ces Euros parce qu'un autre ivoirien aura besoin un jour d'acheter des choses en France. Or tout comme on n'utilise pas les Euros en Côte d'Ivoire, on n'utilise pas les FCFA en France. Donc pour permettre l'achat d'un Ivoirien en France, la banque centrale qui avait récupéré les Euros du vendeur de cacao va les remettre à celui qui veut acheter en France.

X. Mais tu n'as pas encore répondu aux 50 %

Y. Oui tu as raison. Mais c'est pour que tu comprennes bien le sens des 50 %. Avec ce que je viens dire tu comprends bien que 100 % de ce qu'a obtenu le vendeur de cacao lui a été totalement remis par la Banque Centrale en FCFA. Tu comprends aussi que les 100 % des Euros que la Banque Centrale a récupérés ont été remis à celui qui veut acheter en France. Donc on est d'accord qu'il n'y a pas d'argent caché quelque part.

Maintenant que cela est clair, tu peux comprendre facilement la question des 50 % des réserves de changes. On appelle réserves de changes les monnaies qui sont utilisées dans le monde entier pour faire les factures dans les échanges des biens et services. Les plus importantes de ces monnaies sont au nombre de 5. Il y a l'Euro, le dollar, le Sterling, le yen et le yuan.

Donc quand la Banque Centrale récupère les Euros de la main de l'exportateur en lui donnant les FCFA, elle garde ces Euros dans des comptes en attendant de les utiliser quand un autre ivoirien veut acheter en France. La Banque Centrale garde 50 % de ces Euros dans un compte au trésor français pour respecter le contrat monétaire passé avec la France.

X. Oui mais pourquoi 50 % au trésor français ?.

Y. Le contrat entre la France et ses anciennes colonies a été signé en 1961, au lendemain des indépendances. L'esprit de ces 50 % est le suivant. Rappelle-toi mon frère, pour avoir des réserves de changes, il faut beaucoup vendre à l'étranger. Or comme, ces pays viennent à peine d'être indépendants ils peuvent ne pas avoir de quoi vendre suffisamment à l'étranger. Or en même temps pour se développer, il faut qu'ils achètent beaucoup de biens à l'étranger. Donc le gouvernement français propose de leur remettre des réserves de changes pour leur permettre d'effectuer leurs achats. La France est d'autant plus intéressée que les vendeurs de ces biens sont des Français. Mais avant de mettre ces réserves à disposition, il faut faire le point de ce que possèdent les africains. Pour s'assurer de ce calcul, il leur est demandé de verser leurs réserves au trésor français. Au départ, c'était 100 %. Maintenant on est à 50 %.

Voilà mon frère. J'espère que c'est clair.

X. Oui. C'est clair. Mais est-ce que la situation du début des indépendances est toujours d'actualité ?. Et puis n'y a-t-il pas de risque que les ressources dont les pays ont besoin pour acheter à l'étranger soient dans un autre pays ?. Qu'en penses-tu mon frère ?

Y. C'est une préoccupation légitime. La réalité est que la garantie de fourniture des réserves de changes par la France aux pays africains de la Zone Franc n'a presque jamais joué en 58 ans de coopération monétaire. Par ailleurs, les hommes d'affaires français font des affaires dans d'autres espaces africains sans s'appuyer sur cette garantie du trésor français. Dans ces conditions, cette disposition contractuelle n'est plus vraiment nécessaire.

X. Donc, on peut ramener ces réserves dans nos pays.

Y.: La Banque Centrale a acquis ces réserves et a remis l'équivalent en FCFA aux opérateurs nationaux. Elles utilisent ces réserves pour faciliter les paiements internationaux et la défense du cours de la monnaie nationale. Pour faire cela, elle va donc garder ces réserves dans des comptes à l'étranger et les placer en achetant des titres de dettes à risque zéro et très liquides. En général, la Banque Centrale du pays ouvre les comptes dans d'autres Banques Centrales ou dans des banques privées de grande qualité. C'est comme cela que ça fonctionne. Même la Banque Centrale des USA ouvre des comptes en Euro à la Banque Centrale européenne. La Chine, le Japon, le Ghana, bref tous les pays du monde gèrent leurs réserves de changes de cette manière. La particularité de l'accord monétaire avec la France est que les fonds sont déposés au nom du trésor français en lieu et place d'un compte directement ouvert au nom des pays de la Zone Franc à la banque de France ou la Banque Centrale européenne. Il existe aussi le cas des pays qui adoptent carrément comme monnaie nationale, la monnaie d'un autre pays. Il appartient désormais aux pays de la Zone Franc de discuter avec leur partenaire français du futur de la domiciliation de ces réserves dans le cadre diplomatique approprié.

X. Donc, la France a aussi son argent à l'étranger, mais dans une Banque Centrale et non au trésor public d'un autre pays.

Y. Oui c'est bien cela. Au total, les points qui posent problème dans la discussion sur le FCFA peuvent trouver solutions rapidement. Le nom peut être changé aujourd'hui même si on veut. La domiciliation des 50 % de réserves au trésor français n'est plus stratégiquement nécessaire.

X. Mais pourquoi cela n'est pas fait.

Y. Ça c'est le rôle des États. Par ailleurs, ceux qui critiquent le problème FCFA préfèrent une stratégie de confrontation qui fait qu'il est difficile d'évoluer. Ceux qui défendent le FCFA infantilisent ceux qui s'y opposent sans leur expliquer le bien-fondé de leur position. La question comme tu le sais est souvent posée en terme de pro ou contre le FCFA. Cela ne facilite pas les discussions.

X. Et la question de la fabrication des billets en France ? C'est une question de souveraineté.

Y. C'est un mythe cher frère. On fabrique les billets parce qu'un titulaire de compte en banque commerciale souhaite en avoir. Sans cette demande, il n'y a pas de fabrication de billets. La preuve, la masse monétaire dans les pays occidentaux est constituée à 90 % en moyenne de monnaie électronique et d'écritures bancaires. Seuls 10 % de la masse monétaire est en billets et pièces. Ce n'est pas l'État qui décide du montant des billets. Quand l'État décide unilatéralement de faire fabriquer des billets, on parle alors de planche à billets. Et comme ces sommes ne correspondent pas aux demandes des titulaires de comptes en banque, cela crée l'hyperinflation avec un morceau de pain qui coûte un million. Donc fabriquer des billets n'est pas un signe de souveraineté. Par ailleurs, la fabrication matérielle des billets obéit à des techniques de sécurité spécifiques. C'est une industrie d'environ 40 entreprises, avec une forte concentration sur une dizaine. C'est pour dire que les pays à travers le monde passent des commandes de billets à ces entreprises qui ne sont pas nécessairement situées sur leurs territoires. J'espère que les choses sont claires maintenant.

ENCADRE 2 : POURQUOI LA SURFACTURATION EST NUISIBLE A L'ÉCONOMIE NATIONALE : TOUT COMPRENDRE EN 12 ÉTAPES

1. La surfacturation consiste à acheter un bien au-dessus de son prix de marché. Par exemple une route qui coûterait 100 00 F le km est acheté à 500 000 F le km. Cette route est généralement financée par un prêt ;

2. Le bénéficiaire du contrat de construction de la route de connivence avec les commissionnaires du projet fait la facture pour 500 000 F. Il perçoit 100 000 et reverse 400 000 F à ces derniers (rétro commissions) ;

3. Pour rendre ce scénario possible, le prestataire est choisi et non sélectionné *(contrat gré à gré);*

4. Pour profiter du laxisme des commissionnaires du projet, le constructeur cherchera à réduire son coût de revient bien en deçà du prix de construction fixé à 100 000 F.

5. Il prendra donc des matériaux de peu de qualité pour sortir un coût de revient autour de 50 000 F. Il reçoit malgré tout, un revenu de 100 000F qui comprend déjà son profit.

6. Les commissionnaires du projet qui se partagent les 400 000 F de surfacturation, vont investir immédiatement pour éliminer la traçabilité des fonds;

7.Ils vont le faire dans des secteurs peu propices à l'expansion économique du pays, notamment l'achat ou la construction de bâtiments, l'achat de terrains, de voitures et autres objets de luxe;

8. Le gouvernement qui a contracté le prêt pour financer la construction de la route va devoir rembourser 500 000F pour un projet qui a couté réellement 50 000 F;

9. Le service d'une dette *(remboursement du capital plus les intérêts)* de 500 000 F est bien plus élevé que celui d'un montant de 50 000 F;

10. Le gouvernement va donc augmenter les impôts et taxes et trouver des ressources additionnelles pour rembourser le prêt.;

11. Ce harcèlement fiscal va contracter l'économie nationale puisque le revenu disponible *(revenu après paiement des impôts)* des ménages et des entreprises est réduit ;

12. Ceci entraine la baisse des embauches, la hausse des licenciements, de la pauvreté, la baisse des investissements dans la santé et l'éducation, etc.

ENCADRE 3 : COÛT DE LA CORRUPTION : TOUT COMPRENDRE EN 11 ÉTAPES.

1. Par définition, il est difficile de chiffrer avec exactitude la corruption *(ça se passe loin des regards)* ;

2. Des économistes du FMI ont élaboré une méthodologie pour estimer le coût de la corruption en se basant sur le classement annuel de l'ONG *Transparency international* et en déterminant le manque à gagner de l'économie à cause de la corruption ;

3. Chaque année, cette ONG calcule un indice de la corruption pour tous les pays du monde à partir d'enquêtes auprès d'opérateurs économiques et publie un classement mondial ;

4. L'indice part de 0 à 100. Vers 0, on est corrompu et moins bien classé. Vers 100, on l'est moins et mieux classé ;

5. Les économistes ont calculé qu'un point de variation de ce classement d'un pays d'une période à l'autre conduit à une variation de 1,2 % du PIB de ce pays ;

6. Si le classement d'un pays varie de la 36ème place à la 35ème place, cela signifie que la corruption s'est accrue dans ce pays avec une perte de 1,2 % de PIB ;

7. La Côte d'Ivoire qui a effectivement perdu un point dans le classement 2018, passant de la 36ème en 2017 à la 35ème place en 2018 a perdu 1,2 % de PIB, soit 312 milliards de FCFA pour un PIB estimé à 26 000 milliards en 2018 ;

8. Le coût minimum de la corruption en Côte d'Ivoire est donc de 312 milliards en 2018.

9. On peut aussi calculer le coût vraisemblable de la corruption en comparant un pays à un autre avec des caractéristiques économiques similaires et qui jouit d'un meilleur classement mondial.

10. Le score du Ghana est de 41 en 2018 quand celui de la Côte d'Ivoire est de 35, soit un gap de 6 points. Cela signifie que si la Côte d'Ivoire avait eu le même score que le Ghana, son PIB aurait enregistré un gain additionnel de 7 %. Le PIB de la Côte d'Ivoire étant estimé à 26 000 milliards de FCFA en 2018, le montant « *normal* » du PIB aurait été de 27 820 milliards, soit une différence de 1 820 milliards de FCFA ;

11. Ce manque à gagner de 1 820 milliards de FCFA est dû à la corruption. Donc on peut conclure que le coût vraisemblable de la corruption est de 1 820 milliards de FCFA.

Ce calcul peut être fait pour tous les pays pour estimer le coût de la corruption et les déperditions qui handicapent les économies.

ENCADRE 4 : CROISSANCE ÉCONOMIQUE ET PAUVRETÉ EN AFRIQUE. TOUT COMPRENDRE EN 13 ÉTAPES.

1. La croissance économique est la création de richesse d'année en année dans une économie ;

2. La croissance économique est calculée soit par la dépense, soit par les revenus ;

3. Par la dépense, on fait la somme des dépenses publiques, la consommation des ménages, des investissements publics et privés et du solde du commerce extérieur *(exportations-importations)* ;

4. Par les revenus, on additionne les revenus distribués à tous les acteurs de la valeur ajoutée de l'entreprise. C'est cette méthode qui permet de répondre plus explicitement à la question de la pauvreté en période de croissance ;

5. Globalement ; la valeur ajoutée est partagée entre 3 acteurs de la chaine de valeur. Ce sont L'État, les investisseurs et les travailleurs ;

6. Si dans un pays on a 100 F de valeur ajoutée, et que l'État prend 20 F à partir des impôts et taxes, les 80 F restants sont distribués entre les investisseurs et les travailleurs ;

7. Mettons que les 80 F de revenus restants sont partagés en proportion de 60 F et 20 F entre investisseurs et travailleurs ;

8. Si sur 100 investisseurs qui contribuent à la création de la valeur ajoutée, 80 % sont des étrangers et 20 % des locaux, les investisseurs recevront 48 F pour les étrangers et 12 F pour les locaux.

9. Si parmi les travailleurs, les étrangers reçoivent la plus grosse rémunération, soit 60 % du revenu, alors ces derniers recevront 12 F et les travailleurs locaux 8 F.

10. Au total sur 100 F de revenus à partager, les investisseurs et travailleurs étrangers reçoivent 60 F, les investisseurs locaux, 12 F, les travailleurs nationaux 8 F et l'État 20 F ;

11. Ainsi globalement, les étrangers reçoivent 60 F et les nationaux reçoivent 40 F. La grande majorité du revenu des étrangers est rapatriée dans leurs pays d'origine ;

12. En conclusion, on a créé 100 F de revenus mais seulement 40 F reste dans le pays.

13. Si en plus les 20 F de revenus perçus par l'État sont détournés par les surfacturations, les nationaux sont davantage lésés.

Ceci explique pourquoi la croissance est jumelée avec la pauvreté dans nos pays. Tout dépend de la manière dont le processus de production est organisé dans le pays. Il faut progressivement améliorer la part de valeur ajoutée des nationaux. Il ne s'agit pas de faire partir les investisseurs étrangers dont l'investissement permet d'embaucher de la main-d'œuvre locale mais de faire grandir la part des nationaux dans la production et la distribution de la richesse et renforcer l'efficacité de la dépense publique.

Structures éditoriales du groupe L'Harmattan

L'Harmattan Italie
Via degli Artisti, 15
10124 Torino
harmattan.italia@gmail.com

L'Harmattan Hongrie
Kossuth l. u. 14-16.
1053 Budapest
harmattan@harmattan.hu

L'Harmattan Sénégal
10 VDN en face Mermoz
BP 45034 Dakar-Fann
senharmattan@gmail.com

L'Harmattan Cameroun
TSINGA/FECAFOOT
BP 11486 Yaoundé
inkoukam@gmail.com

L'Harmattan Burkina Faso
Achille Somé – tengnule@hotmail.fr

L'Harmattan Guinée
Almamya, rue KA 028 OKB Agency
BP 3470 Conakry
harmattanguinee@yahoo.fr

L'Harmattan RDC
185, avenue Nyangwe
Commune de Lingwala – Kinshasa
matangilamusadila@yahoo.fr

L'Harmattan Congo
67, boulevard Denis-Sassou-N'Guesso
BP 2874 Brazzaville
harmattan.congo@yahoo.fr

L'Harmattan Mali
Sirakoro-Meguetana V31
Bamako
syllaka@yahoo.fr

L'Harmattan Togo
Djidjole – Lomé
Maison Amela
face EPP BATOME
ddamela@aol.com

L'Harmattan Côte d'Ivoire
Résidence Karl – Cité des Arts
Abidjan-Cocody
03 BP 1588 Abidjan
espace_harmattan.ci@hotmail.fr

L'Harmattan Algérie
22, rue Moulay-Mohamed
31000 Oran
info2@harmattan-algerie.com

L'Harmattan Maroc
5, rue Ferrane-Kouicha, Talaâ-Elkbira
Chrableyine, Fès-Médine
30000 Fès
harmattan.maroc@gmail.com

Nos librairies en France

Librairie internationale
16, rue des Écoles – 75005 Paris
librairie.internationale@harmattan.fr
01 40 46 79 11
www.librairieharmattan.com

Lib. sciences humaines & histoire
21, rue des Écoles – 75005 paris
librairie.sh@harmattan.fr
01 46 34 13 71
www.librairieharmattansh.com

Librairie l'Espace Harmattan
21 bis, rue des Écoles – 75005 paris
librairie.espace@harmattan.fr
01 43 29 49 42

Lib. Méditerranée & Moyen-Orient
7, rue des Carmes – 75005 Paris
librairie.mediterranee@harmattan.fr
01 43 29 71 15

Librairie Le Lucernaire
53, rue Notre-Dame-des-Champs – 75006 Paris
librairie@lucernaire.fr
01 42 22 67 13

www.ingramcontent.com/pod-product-compliance
Lightning Source LLC
LaVergne TN
LVHW011011061026
849535LV00006B/1827
* 9 7 8 2 3 4 3 1 8 5 6 1 3 *